本書係「敦煌文獻系統性保護整理出版工程」項目成果

二〇二一—二〇三五年國家古籍工作規劃重點出版項目

「十四五」國家重點出版物出版規劃項目

國家古籍整理出版專項經費資助項目

中國國家圖書館藏敦煌文獻

中國國家圖書館 編

第一二册

BD00150～BD00160

國家圖書館出版社

DUNHUANG MANUSCRIPTS IN THE NATIONAL LIBRARY OF CHINA

012

BD00150 ~ BD00160

compiled by the

National Library of China

National Library of China Publishing House

凡例

一　本書刊布中國國家圖書館藏敦煌文獻，以館藏編號爲序編排。

二　館藏編號采用「BD+流水號」格式，如BD00001, BD16579等。背面在編號後加v表示。一個編號包含多件文獻者，編號後分别綴以字母A, B, C等。一件文獻含有多個内容者，以數字-1, -2, -3等標明順序。

三　圖版有縮印或放大處另加説明，尺寸超出本書幅面的以摺葉形式呈現。

四　卷軸裝、梵夾裝、經摺裝等裝幀形制的敦煌文獻，各附外觀圖像。

五　每件文獻依次呈現外觀、正面、背面等。背面僅刊布有文字、圖像或其他要素的圖版，而略去素紙部分，背面圖版同樣以從右到左順序編排。凡有外題者，遵從以上原則。

六　除個别特殊情况外，爲保證閲讀連貫、流暢，圖版儘量通欄呈現。

七　各葉上方附該件文獻全圖，以高亮形式顯示本葉大圖在全卷中的位置。部分長卷文獻全圖衹能分多段呈現時，在上段末以符標示下段接續。卷尾内容不足一葉時，文獻全圖使用該圖卷尾部分，亦以符標示。背面圖版文字與正面文字方向相反時，文獻全圖按原貌顯示，正文翻轉呈現，以便閲讀研究，用符標示。

八　文獻題名大體沿用中國國家圖書館此前所編多部敦煌文獻目録的考證，部分吸收學界最新研究成果略作調整和完善。文獻題名綜合參考原卷首題、尾題、外題確定，如原卷題名與該文獻正式名稱不同，則采用正式名稱；無題名者，或比定題名，或擬定新名。非漢文文獻在題名前標注語種。有分卷不同等其他情况者，括注於文獻名稱後。

九　本書著録使用通行繁體字，涉及原文中的人名、地名等，必要時保留原字形。

About this publication

1. The documents are presented in shelfmark order.
2. The shelfmarks are in the form BD plus a running number, eg. BD00001, BD16579, &c. If a given shelfmark contains multiple documents, these are distinguished by the letters A, B, C, &c. If a document has multiple contents, they are distinguished by the numbering 1, 2, 3, &c. The verso side of an item is indicated by the letter v.
3. If it has been necessary to reduce or enlarge the size of an illustration, the dimensions are indicated. If the size of an illustration exceeds the size of the book, a folding sheet is used.
4. If the document is a scroll, a folded sutra, or has a stitched binding, a picture of the whole object is provided to show its external appearance.
5. The cover, front, and back of each document are reproduced in sequence. The back of a document is only reproduced if it contains text, illustrations, or other markings, and it is oriented from right to left. If it is blank it is not reproduced.
6. Except in a few special cases, the lines of text are reproduced unbroken to make them coherent and easier to read.
7. An illustration of the complete document is reproduced at the top of each page, and the section where the main illustration appears is highlighted in order to indicate its position. If it has only been possible to reproduce a long scroll in sections, the direction symbol has been used to indicate where one illustration ends and the next one begins. If the end of the scroll occupies less than one page, the direction symbol is used to indicate its position in the illustration of the complete document. If the text on the back of the document has a different orientation from the text on the front, it is reproduced as it is, but is also rotated (indicated with the rotation symbol) so that it can be read easily.
8. The titles of the documents generally conform with those already established by the Library, but in some cases have been amended by drawing on the most recent scholarly research. The titles are derived firstly from the beginning of the text, then from the end of the text, and lastly from the cover. If the title of a document differs from its authoritative form, the authoritative form is used; and if a document has no title, one is either supplied by comparison with similar documents, or a new one is devised. If the document is not in Chinese, its language is indicated before the title. If the number of juan is different from that of the authoritative version, or if there are other irregularities, this is noted.
9. The documents in the book are in traditional Chinese characters. Where the title contains personal or place names, the original characters used for these names are retained.

(Translated by David Helliwell)

第一二册目録

BD00150 大乘稻芉經

BD00150v 雜寫

420.5cm×26.8cm

佛說大乘稻芊經一卷
如是我聞一時薄伽梵住王舍城耆闍崛山
與大比丘衆千二百五十人及諸菩薩摩
訶薩俱
具壽舍利子往彌勒菩薩摩訶薩經
之處到已共相慰問俱坐盤陁石上
是時具壽舍利子向彌勒菩薩摩訶薩
如是言彌勒今日世尊觀見稻芊
作如是說諸比丘若見因緣彼即見法若見於
法即能見佛作是語已默然无言彌勒善
逝何故作如是說其事云何何者因緣何者
是法何者是佛云何見因緣即見法云

何見法即能見佛作是言已彌勒菩薩摩
訶薩荅具壽舍利子言今佛法王正遍知
告諸比丘若見因緣即能見法若見於法即
能見佛者此中何者是因緣言因緣者此
有故彼有此生故彼生所謂无明緣行行
緣識識緣名色名色緣六入六入緣觸觸
緣受受緣愛愛緣取取緣有有緣生生
緣老死愁嘆苦憂惱而得生起如是唯生
純極大苦之聚此中无明滅故行滅行滅
故識滅識滅故名色滅名色滅故六入滅六
入滅故觸滅觸滅故受滅受滅故愛滅愛滅
故取滅取滅故有滅有滅故生滅生滅故
老死愁嘆苦憂惱得滅如是唯滅純極大
苦之聚此是世尊所說因緣之法
何者是法所謂八聖道正見正思惟正語

何者是法所謂八聖道正見正思惟正語
正業正命正精進正念正定此是八聖道
(文)果及涅槃世尊所說名之爲法
何者是佛所謂知一切(法)者名之爲佛以彼慧
眼及法身能見作菩提學无學法故云何見
因緣如佛所說若能見因緣之法常无壽
離壽如實性无錯謬性无生无起无作无爲
无障㝵无境界寂靜无畏无很奪不寂靜
相是者若能如是於法亦見常无壽離壽
如實性无錯謬性无生无起无作无爲无
障㝵无境界寂靜无畏无很奪不寂靜相
者得正智故能悟勝法以无上法身如見
於佛
問曰何故名因緣答曰有因有緣名爲因緣
非无因无緣故是故名爲因緣[illegible]

略說因緣之相彼緣生果如來出現若不出
現法性常住乃至法性法住性法定性与
因緣相應性真如性无錯謬性无變異性真
實性實際性不虛妄性不顛倒性等作如
是說
此因緣法以其二種而得生起云何為二所謂
因相應緣相應彼復有二謂外及內此中何
者是外因緣法因相應所謂從種生芽從
芽生葉從葉生莖從莖生節從節生穗
從穗生花從花生實若无有種芽即不生
乃至若无有花實亦不生有種芽生如是
有花實亦得生彼種亦不作是念我能生芽
芽亦不作是念我從種生乃至花亦不作是念
我能生實實亦不作是念我從花生雖然
有種故而芽得生如是有花故實即而能成

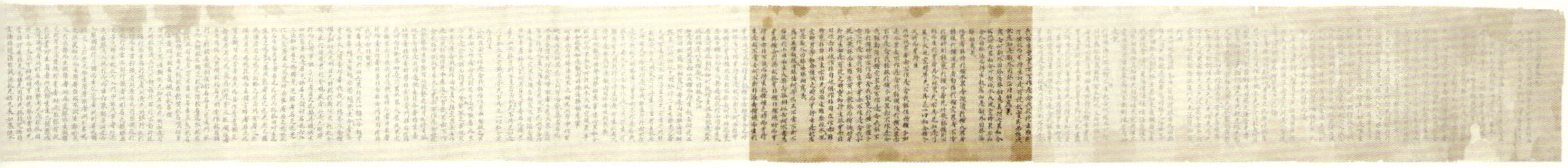

我能生實實亦不作是念我從花生雖然
有種故而芽得生如是有花故實即而能成
就應如是觀外因緣法因相應義
應云何觀外因緣法緣相應義謂六界和合
故以何六界和合所謂地水火風空時界等和
合外因緣法而得生起應如是觀外因緣法
緣相應義
地界者能持於種水界者潤漬於種火界者
能暖於種風界者動搖於種空界者不障
於種時則能變於種子若无此衆緣種則不
能而生於芽若具外地界无不具足如是乃
至水火風空時等无不具足一切和合種子
滅時而芽得生
此中地界者亦不作是念我能任持種子如
是水界亦不作是念我法潤漬於種火界亦

不作是念我能暖於種子風界亦不作是念
我能動搖於種空界亦不作是念我能不
障於種時亦不作是念我能變於種子種子
亦不作是念我能生芽芽亦不作是念我今
從此衆緣而生雖然有此衆緣而種滅時芽
即得生如是有花之時實即得生彼芽亦非
自作亦非他作非自他俱作非自在作亦非
時變非自性生亦非无因而生雖然地水火風
空時界等和合種滅之時而芽得生是故應
如是觀外因緣法緣相應義
應以五種觀彼外因緣法何等為五不常不斷不
移從於小因而生大果與彼相似云何不常為
芽與種各別異故彼芽非種非種壞時而芽
得生亦非不滅而得生起種壞之時而芽得
生是故不常云何不斷非過去種壞而生於

生是故不常云何不斷非過去種壞而生於
芽亦非不滅而得生起種子亦壞當尒之時
如秤高下而芽得生是故不斷云何不移芽
與種別芽非種故是故不移云何小因而生大
果從小種子而生大果是故從於小因而生大
果云何與彼相似如所植種生彼果故是故與
彼相似是以五種觀外因緣之法
如是內因緣法亦以二種而得生起云何為二
所謂因相應緣相應何者是內因緣法因相
應義所謂如從无明緣行乃至生緣老死若
无明不生行亦不有乃至若无有生老死非
有如是有无明故行乃得生乃至有生故老
死得有无明亦不作是念我能生行行亦不作
是念我從无明而生乃至生亦不作是念我

得有是故應如是觀內因緣法因相應義
應云何觀內因緣相應事為六界和合
故以何六界和合所謂地水火風空識界等
和合故應如是觀內因緣法緣相應事
何者是內因緣法地界之相為此身中作堅
硬者名為地界為令此身而聚集者名為
水界能消身所食飲嚼噉者名為火界為此
身中作內外出入息者名為風界為此身中作
虛通者名為空界五識身相應及有漏意識
猶如束蘆能成就此身名色芽者名為識界
若无此眾緣身則不生若內地界无不具足如是
乃至水火風空識界等无不具足一切和合身
即得生
彼地界亦不作是念我能而作身中堅硬之事

彼地界亦不作是念我能而作身中堅硬之事
水界亦不作是念我能爲身而作聚集火界
亦作是念我能而消身所食飲噉之事風界
亦不作是念我能作內外出入息空界亦不作
是念我能而作身中虛通之事識界亦不作
念我能成就此身名色之芽身亦不作是念我從
此衆緣而生雖然有此衆緣之時身即得生彼
地界亦非是我非是衆生非命者非生者
非儒童非作者非男非女非黄門非自在非
我所亦非餘等如是乃至水界火界風界空
界識界亦非是我非是衆生非命者非生者
非儒童非作者非男非女非黄門非自在非
我所亦非餘等
何者是无明於此六界起於一想一合生想常

言士夫人儒童作者我我所想及餘
種无知此是无明有无明故於諸境界起起貪
瞋癡於諸境界起貪瞋癡者此是无明緣
行而於諸事能了別者名之為識與識俱生
四取蘊者此是名色依名色諸根名為六入
三法和合名之為觸覺受觸者名之為受
於受貪著名之為愛增長愛者名之為取從
取而生能生業者名之為有而從彼因所生之
蘊名之為生生已蘊成熟者名之為老老已蘊
滅壞者名之為死臨終之時內具貪著及熱
惱者名之為愁從愁而生諸言辭者名之為
嘆五識身受苦者名之為苦作意意識受
諸苦者名之為憂具如是等及隨煩惱者
名之為惱大黑闇故故名无明造作故名諸
行了別故名識相依故名名色為生門故

BD00150　大乘稻芉經

行了別故名識相依故名名色為生門故
名六入觸故名觸受故名受渴故名愛取故名
取生後有故名有生蘊故名生蘊熟故名
老蘊壞故名死愁故名愁嘆故名嘆惱身
故名苦惱心故名憂煩惱故名惱
復次不了真性顛倒无知名為无明如是有
无明故能成三行所謂福行罪行不動行從
於福行而生福行識者此是无明緣行從於
罪行而生罪行識者此是名為行緣識從於
不動行而生不動行識者此則名為識緣名
色名色增長故從六入門中能成事者此是
色名緣六入從於六入而生六聚觸者此是六
入緣觸從於所觸而生彼受者此則名為觸
緣受了別受已而生樂著深者此則名為
[illegible]聚受知已而生樂著深故不欲遠離名為

求安樂所生貪樂者此是愛緣取生貪樂
已從身口意造後有業者此是取緣有從
於彼業所生蘊者此是有緣生生已諸蘊成
熟及滅壞者此則名為生緣老死是故彼因
緣十二支法互相為因互相為緣非常非无
常非有為非无為非无因非无緣非有受法非
盡法非壞法非滅法從无始已來如暴流水
而无斷絕
雖然此因緣十二支法互相為因互相為緣非常
非无常非有為非无為非无因非无緣非无
緣非有受非盡法非壞法非滅法從无始已
来如暴流水而无斷絕有其四支能攝十二
因緣之法云何為四所為无明愛業識識者
以種子性為因業者以田性為因无明愛及
以煩惱性為因此中業及煩惱能生種子之識

BD00150　大乘稻芉經

以煩惱爲因此中業及煩惱能生種子之識
業則能作種子識田愛則能潤種子之識无
明能殖種子之識若无此衆緣種子之識而不
能成
彼業亦不作是念我今能作種子識田愛亦
不作是念我能潤於種子之識无明亦不作
是念我今能殖種子之識彼種子識亦不作
是念我今從此衆緣而生雖然種子之識於
彼業田及愛所潤无明糞壤所生之處入
於母胎能生名色之芽彼名色之芽亦非自
作亦非他作非自他俱作非自在化亦非時
變非自性生非假作者亦无因而生雖然
父母和合時及餘緣和合之時无我之法无我
我所猶如虛空彼諸幻法因及緣无不具足
父母交生處入於母胎則能成就彼種子

之諸名色之芽

如眼識生時若具五緣而則得生云何爲五

所謂依眼色明空作意故眼識得生此中眼

則能作眼識所依色則能作眼識之境明則能

爲顯現之事空則能爲不障之事作意能爲思想

之事若無此衆緣眼識不生若內入眼無不具

足如是乃至色明空作意無不具足一切和

合之時眼識得生

彼眼亦不作是念我今能爲眼識所依色亦

不作是念我今能作眼識之境明亦不作念

我今能作顯現之事空亦不作念我今能爲眼識不障之事作意亦作是念我今能爲

眼識所思彼眼識亦不作是念我是從此衆緣

而有雖然有此衆緣眼識得生乃至諸餘根

等隨類知之

如是無有少法而從此世移至他世雖然因及果

等隨類知之
如是无有少法而從此世移至他世雖然因及衆
緣无不具足故業果亦現譬如明鏡之中現
其面像雖彼面像不移鏡中因及衆緣无不
具足故面像亦現如是无有少許從於此滅生
其餘處因及衆緣无不具足故業果亦現譬
如月輪（從此四万二千由旬而行彼月輪形像現其有水小器中者彼月輪）亦不從彼移至於有水之器雖然因及
衆緣无不具足故月輪亦現如是无有少許
從於此滅而生餘處因及衆緣无不具足故業
果亦現譬如其火因及衆緣若不具足而不
能燃因及衆緣具足之時乃可得燃如是我
无我之法无我我所猶如虛空假彼幻法因及衆
緣无不具足故所生之處入於母胎則能成就
種子之識及業煩惱所生名色之芽是故應
如是觀內因緣法緣相應事

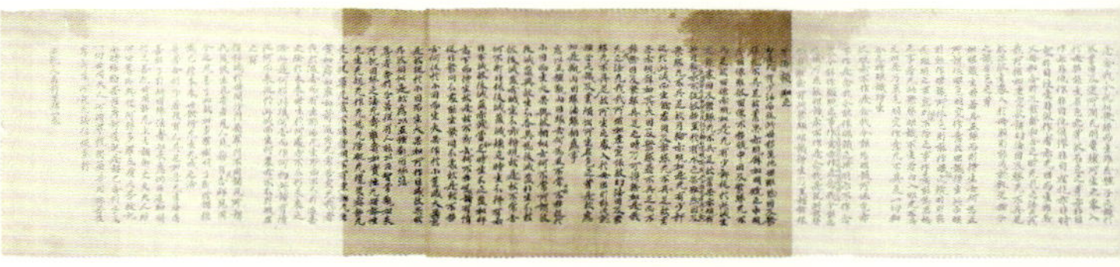

應以五種觀此因緣云何爲五不常不移從於
小因而生大果與彼相似云何不常所謂彼
後滅蘊與彼生分各異爲後滅蘊非生分故
彼後滅蘊亦滅生分亦得現故是故不常云
何不斷非依後滅蘊滅壞之時生分得有亦
非不滅彼後滅蘊亦滅當尒之時生分之蘊如秤
高下而得生故是故不斷云何不移爲諸有情
從非衆同分處能生衆同分處故是故不移
云何從於小因而生大果作於小業感大異熟
是故從於小因而生大果如所作因感彼果故
與彼相似是故應以五種觀因緣法
尊者舍利子若復有人能以正智常觀如來
所說因緣之法无壽離壽如實性无錯謬性
无生无起无作无爲无障礙无境界寂靜无
畏无侵奪无盡不寂靜相不有虛妄无

无生无起无作无爲无障礙无境界寂静无
畏无假奪无盡不寂静相不有虚誑无堅
實如病如癰如箭過失无常苦空无我者
我於過去而有生耶而无生耶而不分别過去
之際於未來世生於何處亦不分别未來之
際此是何耶此復何云而作何物此諸有情
從何而來從於此滅而生何處亦不分别現在
之有
復能滅於世間沙門婆羅門不同諸見所謂
我見衆生見壽者見人見希有見吉祥見開
合之見善了知故如多羅樹明了斷除諸根
橛已於未來世證得无生无滅之法
尊者舍利子若復有人具足如是无生法忍
善能了别此因緣法者如來應供正遍知明
行足善逝世間解无上士調御丈夫天人師

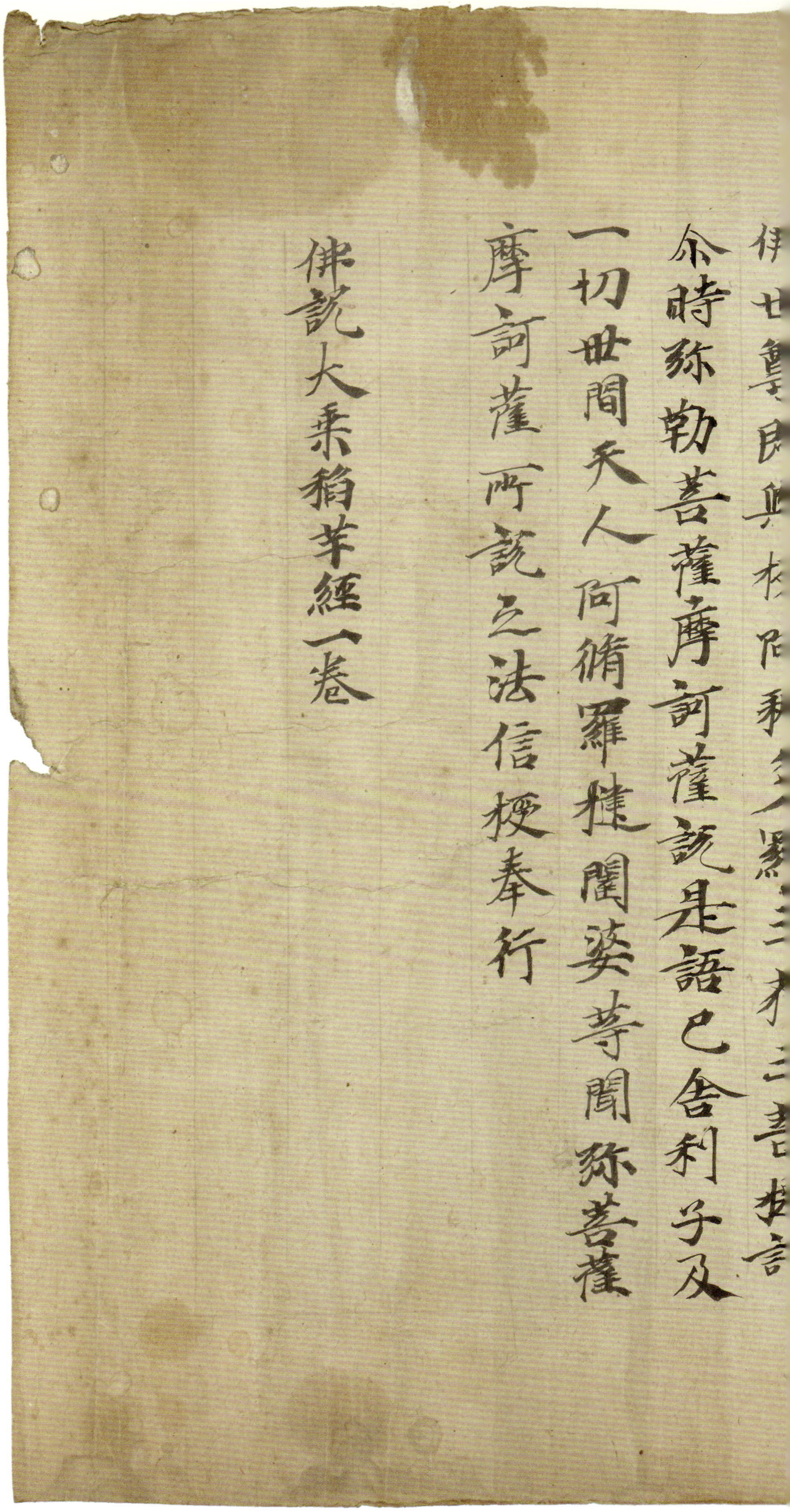
佛世尊即與授阿耨多羅三藐三菩提記
尒時弥勒菩薩摩訶薩說是語已舍利子及
一切世間天人阿脩羅揵闥婆等聞弥菩薩
摩訶薩所說之法信授奉行

佛說大乘稻芉經一卷

BD00150　大乘稻芉經

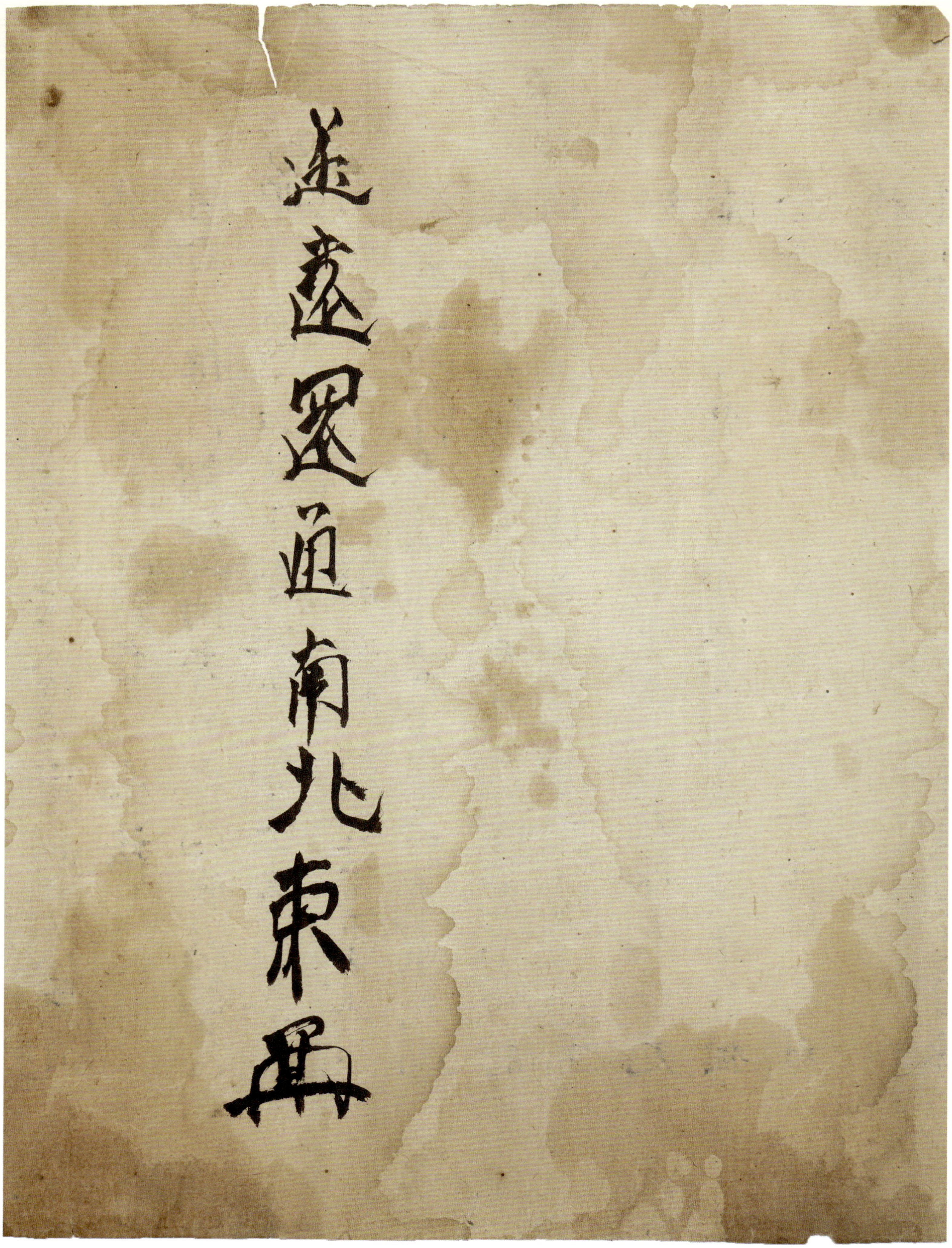

BD00150v　雜寫

BD00151-1 大乘密嚴經卷上

（唐）地婆訶羅 譯

BD00151-2 大乘密嚴經卷中

（唐）地婆訶羅 譯

BD00151-3 大乘密嚴經卷下

（唐）地婆訶羅 譯

1228.5cm × 27cm

□□大勢菩
等菩薩摩訶薩
住神通辯十无礙現衆色像
薩入於无垢月藏殿中昇寶嚴場師子之座諸菩薩衆亦皆隨
於時世尊四方周顧從眉間出清淨光明名髻珠莊嚴有无量光周帀
交映成光明網是光明網流照之時一切佛土莊嚴之相分明顯現如一佛土
超諸佛國无有日月及諸星宿如无爲性不同微塵此寶嚴中諸佛菩薩
薩并餘國土來此會者皆如涅槃虛空及非擇滅　尒時世尊現諸國土
及佛菩薩勝功德已復如佛眼遍視十方諸菩薩衆謂如寶見菩薩言
如寶見今此國土名爲寶嚴是中菩薩從色无色无想之處以三昧力
生智慧火焚燒色愛及以无明轉所依心而得智定意生之身神足方通
以爲嚴飾无數隟无骨體如日月虹電紫金明珠頗梨珊瑚訶利多羅
占波迦孔雀花月鏡中之像住於諸地淨有漏因三昧自在十究竟
願及以迴向穫珠妙身而來住此尒時如寶見菩薩在大衆中即從座
起偏袒右肩右膝著地曲躬合掌白佛言世尊我於今者欲有所
問唯願如來哀許爲說佛告之言善哉善哉恣汝所問當爲開演
時如寶見即白佛言世尊唯此佛土出過欲色无色无想衆生界

彼中諸佛咸為菩薩說現法樂住內證智境離諸分別真如實際
大涅槃果究竟之法是故當知此佛土外有如是等无量佛國如實
見非唯汝今於佛國土菩薩衆會心生疑悔請問如來此有菩薩名
日特進曾於佛所生疑悔心便以神通力昇於上方過百千億乃至如
恒河沙諸佛世界不能一見如來之頂心生希有念佛菩薩不可思
議還娑婆世界舍衛城中至於我所悔謝己過歎佛无邊猶如
虛空住內證境來密嚴國　尒時會中金剛藏菩薩摩訶薩善
能演說諸地之相微妙決定盡其源底從座而起偏袒右肩右膝著
地曲躬合掌白佛言世尊我於如來應正覺所欲問少法願佛慈
哀為我宣示佛言金剛藏汝於我所欲有所問如來應正等覺當
順汝心為汝開演　尒時金剛藏菩薩摩訶薩蒙佛許已即白佛言
世尊佛菩提者是何句義所覺是何請說第一義境亦法性佛
除去來今在行地者色相之見及取著外論行分別境起微塵勝性
自在時方虛空我意根境和合如是諸見復有計著无明愛業眼
色與明是時復有觸及作意如是等法而為因緣等无間緣所緣
緣增上緣和合生識虛妄億度起有无等種種言論此法之中復有
諸人於蘊衆生隨宜性見為斷如是妄分別覺唯願世尊說離
五種識所知相能於諸法最自在者佛大菩提所覺知義令得開

五種識所知相能於諸法最自在者佛大菩提所覺知義令得聞
者如其了悟所知五種而成正覺　尒時佛告金剛藏菩薩摩訶
薩言善哉善哉金剛藏十地自在超分別境有大聡慧能欲顯示
法性佛種最上瑜祇非唯汝今於佛菩提所覺之義生希有念請問於
我有賢幻等无量菩薩咸於此義生希有心種種思惟而求佛體如来
者是何句義為色是如来耶異色是如来乎如是於蘊界處諸行之
中內外脩求不見如来皆是所作滅壞法故以智定意審諦觀察乃至分折
至於微塵皆悉不見蘊處麁鄙故如来者常法身故善哉佛子汝能善入甚
深法界諦聽諦善思念之當為汝說金剛藏菩薩摩訶薩唯然受教
佛言善男子金剛三昧藏勝自在者如来非蘊亦不異蘊非依蘊非生
非滅非智非所知非根非境何以故蘊界處諸根境等皆麁鄙故不應
住外而見如来善男子色无覺知无有思慮生已又滅同於草木瓦石之類微
塵集成如水聚沫受以三法和合而生猶如浮泡瓶衣等想亦二和合因緣所生如
熱時燄辟如盛熱地氣蒸涌照以日光如水波浪諸鳥獸等為渴所逼遠而見
之生真水解想亦如是无有體性虛妄不實分別智者如有性見各別體
相名字可得定者審觀猶如兎角石女兒等但有假名初无實義如夢
中見男女等種種之色成於正覺即无所見辟如芭蕉皮葉既除中无有
行亦如是離於身境即无體性識亦如是幻事虛偽不實辟如幻師若幻

滅是故无體同於幻事金剛藏如來常住恒不變易是脩念佛觀行之
境名如來藏猶如虛空不可壞滅名涅槃界亦名法界過現未來諸佛
世尊皆隨順此而宣說故如來出世不出世間此性常在名法住性亦名法
尼夜摩性金剛藏云何名為尼夜摩後有諸惡此皆離故又此三昧能決
定除後有諸惡以如是義名尼夜摩若有住此三昧之者於諸衆生心无
顧戀證於實際及以涅槃猶如熱鐵投清冷水故諸菩薩捨而不證近
住而已常為衆生作利益不捨精進大悲諸度不斷佛種不行外道二
乘之住如大力象不為三昧淤泥所溺心不味著識之境界趣佛法門恒无
退轉以究竟慧入佛法身開顯如來廣大威德當成正覺轉妙法輪智
境衆色而為資用入如來定遊涅槃境漸次脩行超第八地善巧積習乃
至法雲資用如來廣大威德住於諸佛內證之地与无功用三昧相應遍遊
十方不動本處而恒依止密嚴佛國轉於所依智定意身力通自在皆得
具足辟如空月影遍衆水佛亦如是化形普降於諸世間隨衆生心所樂
不同皆使蒙益无空見者復令當詣密嚴佛國如其性欲而漸開誘
為說一切欲界天王自在菩薩摩尼宮等諸安樂處乃至諸地次第十
佛土功德莊嚴盡於未來隨機應現如因持呪安繕那藥及諸靈仙宮
殿之神與人同止而不可見如來變化所為事畢住於真身晦而不現亦復
如是尒時世尊而說偈言

如是尒時世尊而説偈言
根蘊如虵聚　境界緣所纏　癡愛業堅　衆習縛難解　心及諸心法
動處恒不安　覺觀所纏遶　如龍共纏結　瞋毒從此興　譬如大威火
諸修觀行者　爲捨衆蘊法　於此常諦觀　一心而不解　譬如虛空中
无樹而有影　風縷與鳥跡　此見甚爲難　能造及所造　色與非色法
於彼見如來　其難亦如是　真如無際等　及諸佛體性　内證之所行
超諸語言境　涅槃名爲佛　佛亦名涅槃　離諸分別想　云何而可見
碎末於金礦　礦中不見金　智者巧融鍊　真金方可顯　分劑於諸色
乃至爲微塵　及折求諸蘊　蘊一蘊異性　佛體不可見　亦非无有佛
定者觀如來　三十二相具　苦樂等衆事　施作皆明顯　是故不應説
如來定是无　三昧一緣佛　善因善根佛　一切世勝佛
及正等覺佛　如是五種佛　所餘皆變化
三十二勝相　如來藏具有　是故佛非无　定者能觀見　出過於三界
无量諸佛國　如來微妙刹　淨佛子充滿　禪慧手相資　以成堅固性
遊於密嚴土　思惟佛威德　密嚴中之人　一切同於佛　超過刹那壞
恒遊三昧中　世尊有大定　湛然而正受　相好諸功德　内外以莊嚴
衆謂佛化身　從於歡喜降　佛常密嚴住　爲現從其國　住真而正受
隨緣衆像生　如月在虛空　影鑒於諸水　如摩尼衆影　色合而明現

如來以因性　莊嚴其果體　隨世之所應　種種皆顯現　遊戲於三昧
內外无不為　山川及林野　朋友諸眷屬　衆星與日月　皎鏡而垂照
如是諸世間　身中盡苞納　復置於掌內　散擲如芥子　佛於定自在
牟尼最勝尊　无能作世間　唯佛之所化　盲闇无智者　馳流妄分別
計著於有无　若我及非我　或言一切壞　或言少分滅　如是諸人等
索自害其身　云何於此中　而生是諸見　佛是遍三界　觀行之天師
觀世如乾城　所作衆事業　亦如夢中色　渴獸所求水　因於種種業
風纏而進退　佛於方便中　自在知見者　譬如工巧匠　善守於機發
亦如海船師　執柂而搖動　如來最微妙　寂靜无有邊
超諸有著根　淨根之所證　是修行定者　微妙定所依　一切觀行人
明了心中住　佛體最清淨　非有亦非无　遠離於限量　及以能所覺
妙智相應心　最上之境界　知相皆无性　是即見如來　破諸煩惱心
不著於三昧　住於无染路　一切皆无染　諸天乾闥婆　脩羅緊那羅
仙人及外道　讚歎而供養　於彼不執著　而興世間業　以住本清淨
相應妙理中　天人等見者　變化之所作　佛非彼此現　而同於日月
住於圓應道　現除諸貢高　異學各不同　隨所而攝化　種種衆法智
王論三毗陁　悉是諸如來　定力持而說　國王王臣等　乃至山林處
所有諸儀則　皆從佛出生　十方衆寶藏　出生清淨寶　悉是天中天

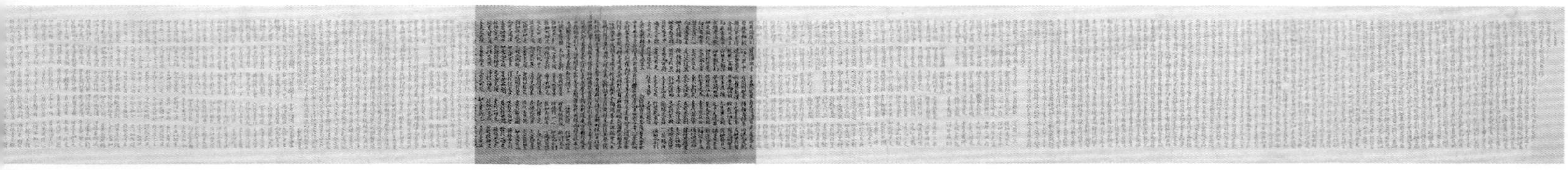

所有諸儀則　皆從佛出生　十方衆寶藏　出生清淨寶　悉是天中天
自在威神故　一切三界中　有諸明智者　種種方便業　因佛而成就
現從兜率降　婇女衆圍遶　歌舞共歡娛　日夜常遊集　或如堅利智
舍陵波尼王　執世之直繩　與奪而招放　雖於一切處　現爲明智者
而在密嚴中　寂然无動作　此等牟尼境　凡愚異分別　譬如翳目人
亦猶衆渴獸　如世觀於幻　夢中諸所取　天中天境界　佛子見其眞
如是觀行人　如從於睡覺　那羅與伊舍　梵天婆旦那　難陁鳩摩羅
劫比首迦等　處空而思審　於此常迷惑　去來現在世　一切諸牟尼
習氣復於心　亦所不能見　善哉金剛藏　普行諸地中　復以佛威神
而居密嚴土　是汝之境界　我今爲汝說　或有妄分別　勝性與微塵
如空作諸物　種種諸形相　生唯是法生　滅亦唯法滅　妄計一切物
細塵能造作　因能生於果　譬如燈照物　先不得其相　後壞亦復然
非於過去中　有體而可得　未來亦如是　離緣无有性　一一諸緣內
遍求无有體　不見性有无　亦无无見有　於蘊税衣等　微細而分別
三百有六十　邪宗壞正道　往來生死中　无有涅槃法

大乘密嚴經妙身生品第二

尒時如實見菩薩有大威力世中自在其身妙好上服莊嚴在於佛前避座而立曲躬合掌一心恭敬向金剛藏菩薩摩訶薩而作是言尊者能通達自智之境現法樂

隨他行現法樂住內證之境令我及餘諸菩薩衆得見斯法安樂修
趣於佛地權意生身及言說身力通自在皆得具足轉所依心不住實
如衆彩摩尼現諸色像於一切佛國說密嚴行金剛藏菩薩言善哉仁主能
請我說入於密嚴无我之法仁主先應覺了諸分別境是心之相於境界
中捨諸分別仁主一切世間是分別見見世間體即於所緣而得三昧我今
為汝開宗彼法王應善聽即說偈言
一切諸世間 譬如熱時焰
以諸不實相 无而妄分別 覺因所覺生 所覺依能現 離一則无二
譬如光共影 无心亦无境 量及所量事 但依於一心 如是而分別
能知所知法 唯依心妄計 若了所知无 能知即非有 心為法自性
及人之所濁 入於八地中 而彼得清淨 九地行禪定 十地大開覺
法水灌其頂 而成世所尊 法身无有盡 是佛之境界 究竟如虛空
心識亦如是 无盡亦无壞 衆德以莊嚴 恒住不思議 密嚴諸佛土
譬如瓶破已 瓦因而顯現 瓦破顯於塵 塵折極微體 如是因有漏
而成无漏法 如火燒盡木 復於餘處然 味於不動智 轉依離分別
密嚴佛國中 如是而常現 不生衆色類 莫住於世間 捨於一切見
歸依此无我 斷諸相續流 无生亦无壞 盡於一切見 歸依此无我
諸患皆已息 寂住不思議 淨於一切見 歸依此无我 普聞種種法
本來无我性 非由擇壞无 及喻之所現 如火焚薪已 自於是中滅

本来无我性　非由壞壞无　及喻之所現　如火焚薪已　自於是中滅
觀察於三界　无我智亦然　是名現法樂　聖人自智境　依此入諸地
淨除无始惡　捨離世所依　出世而安住　其心轉清淨　恒居密嚴土
尒時如實見菩薩及諸王衆俱作是言金剛自在我等今者咸欲歸依
願示於我歸依之處於是金剛藏菩薩摩訶薩以偈荅曰
佛體非是有　亦非无有佛　蘊樹已焚燒　魔軍咸退散　住於如来地
密嚴之妙國　所覺見淨无垢　仁主可歸依　遠離諸分別　證於无處所
密嚴諸定者　仁主可歸依　密嚴勝淨剎　衆聖之依處　觀行者充滿
應歸密嚴國　尒時金剛藏菩薩摩訶薩說是語已復告如
實見菩薩言仁主已得住地諸觀行者觀一切世間如繢像中而有高下
如夢所見端正女色如石女人忽夢已身誕育於子如乾闥婆城内諸所
施為如旋火成輪如空中垂髮如幻化所作人馬等形樹林花果如雲之
影如奔電之光皆是虛偽非真實有分別所成猶工造器仁主世間衆
生習氣覆心生種種戲論意與意識及餘諸識相續而轉五法三性種无
我恒共相應辟如瀑流為風所擊起諸波浪浪起相尋而流不息阿頼耶
識在於世間亦復如是无始習氣猶如瀑流為境界風之所飄動起諸
識浪恒无斷絶仁主是八種心雖无如是若干體異而隨緣漸起或一時
生心生之時取諸境界亦有如是漸頓差別若於屋宅及諸星宿軍

食於是境界次第乃知或有一時頓取之者仁主心性本淨不可思議是諸
如來微妙之藏如金在礦意從心生餘六亦然如是多種於世法中而為
差別仁主阿賴耶識雖與能熏及諸心法乃至一切染淨種子而同止住
性恒明潔如來種性應知亦然定不定別體常清淨如海常住波潮轉
移阿賴耶識亦復如是諸地漸修修下中上別捨諸雜染而得明現於是
金剛藏菩薩摩訶薩復說偈言　善哉如實慧
於斯微妙法　從我已聽聞　心淨能開了　十方一切國　諸土眾會中
汝當隨所願　廣為其宣說　若人聞法已　漸淨阿賴耶　或作人中王
轉輪四天下　或復為帝釋　兜率須夜摩　乃至自在宮　而為欲天主
或為色界生　及生无色天　无想眾生中　受諸禪定樂　證真而不住
譬如師子乳　眾定皆自在　盡樂以相應　一心求密嚴　不深著三界
至於密嚴已　漸次而開覺　轉依獲安樂　寂靜常安住　无量諸師子
圍繞以莊嚴　為法自在王　眾中之最上　非如外道說　壞滅為涅槃
壞應同有為　死有復生過　十業上中下　三乘以出生　最上生密嚴
諸地轉增進　得解脫智慧　如來微妙身　云何說涅槃　是滅壞之法
涅槃若滅壞　眾生有終盡　眾生若有終　是亦有初際　應有非生法
而始作眾生　无有非眾生　而生眾生界　眾生界既盡　佛无尒餘法
是則无能覺　亦无有涅槃　妄計解脫者　而說於解脫　譬如種已燋

是則无能覺 亦无有涅槃 妄計解脫者 而說於解脫 譬如種已燋
燈滅及薪盡 彼說解脫性 是壞有成无 於解脫妙樂 遠離不能證
遍處及諸禪 无色无想定 逆順而入出 力通皆自在 於彼不退還
亦不恒沉沒 審知諸法相 諸地得善巧 如是而莊嚴 而來密嚴國
若言解脫性 壞有以成无 斯人住諸有 畢竟不能出 亦壞三和合
因等四種緣 眼色內外緣 和合所生識 世間內外法 牙力以相生
如是等衆義 一切皆違反 若知唯識現 離於心所得 分別不現前
亦不住其性 是時攀緣離 寂然心正受 捨於世間中 所取能取見
轉依離麁重 智慧不思議 十種意生身 衆妙爲嚴好 作三界之主
而來密嚴國 色心及心法 不相應无爲 內外衆世間 諦觀无別異
如是諸智者 來於密嚴國 相名與分別 正智及如如 定者能明照
體性皆平等 入佛所讚揚 密嚴之淨國 若壞三和合 及以四種緣
不同於自宗 同諸妄分別 惡習分別者 彼之五種論 譬喻不成立
諸義皆相違 五種悉成過 惑亂於智眼 顛倒不顛倒 同異法斯壞
捨離於自宗 依正他宗法 初際等諸見 皆從減壞生 大王應當知
衆生在諸有 如輪而運轉 初際不可得 如來以悲願 普應諸有緣
如淨月光明 无處不周遍 各順其根性 隨宜而說法 涅槃若壞滅
佛有何功利 增上有三種 解脫亦復然 四諦及神足 念處无礙解

如是十二種　名之為現觀　學之數有十　第八七返生　家家一往來
一間而滅度　中般與生般　有行及无行　上流於處處　然後般涅槃
如是一切種　諸智之品位　修行觀行人　下中上不同　菩薩增上修
功德最殊勝　十一與十二　乃至於十六　此諸修定者　復漸滅於心
所盡非是心　亦非心共住　未來心未至　未至故非有　心緣不和合
非此非彼生　第四禪无心　有因不能害　有因為諸識　意識及五種
妄想不自覺　猶如波浪生　定者觀賴耶　離能所分別　微妙无所有
轉依而不壞　在於密嚴中　如月恒明顯　密嚴諸智者　與佛常共俱
恒遊定境中　一味无差別　密嚴定者處　定力生於彼　是故應修習
相應妙定心　欲界有六天　梵摩十二處　无色及无想　一切諸地中
若生密嚴國　於彼為天生　欲求密嚴土　當修十種智　世俗知他心
及苦集滅道　盡智无生智　仁者真實見　舍君羅帝族　與甘蔗月王
種姓无殊異　當來密嚴國　勿懷疑退心　如羊被摩抛　喘懼而前却
意在於身中　似幻數而住　亦如幻為樹　河中之葉扶　如王獻園宛
運動諸身分　意及於意識　心心法共俱　譬如空中雲　共聚而无實
種子賴耶識　諸習所纏覆　譬如摩尼寶　隨緣現眾色　雖住眾生身
體淨而无垢　是決定種性　亦為大涅槃　名因於相生　相從因緣起
以諸形相故　而起於分別　分別從二因　外相心習氣　第七末那識

以諸形相故　而起於分別　分別從二因　外相心習氣　第七末那識
應知亦復然　諸根意緣會　發生於五識　心法共相應　如是身中住
正智常觀察　一切諸世間　從於如是因　而生彼諸果　真如非異此
諸法互相生　與理相應心　明了而觀見　此即是諸法　究竟真實性
亦為妄所計　一切法不生　諸法性常空　非无亦非有　如幻及陽焰
乾城等眾物　種種諸形相　名句及文身　如是執著生　成於遍計性
根境意和合　熏習於成種　與心无別異　諸識從此生　資於互因力
是謂依他起　內證真實智　現前所住法　是即說圓成　眾聖之境界
佛及諸弟子　證此名聖人　若人證斯法　即見於真際　唱言生已盡
梵行皆已立　所作莫不成　永離於諸有　解脫一切苦　滅除眾怖畏
生法二无我　若能明了知　普燒諸習氣　永斷於分別　從於无始來
戲論而積聚　无量眾過患　一切皆已除　譬如執鐵圍　執去鐵无損
解脫者亦尒　惑盡而清涼　入於无漏界　密嚴之妙埊　此埊最殊妙
非餘所能及　佛與諸菩薩　清淨之所居　三昧樂現前　以此而為食
欲生斯土者　當修真實觀　復為諸有緣　如理廣宣說　名生本於相
相起復從緣　種種諸分別　皆因相而有　根境瓶衣等　蘊法所合成
分別從此生　了知而簡異　若動若非動　一切諸世間　皆因癡闇生
愚實以為體　長短等諸色　音聲與香界　甘苦堅滑等　意識之所緣

如虵有二頭 各別為其業 染意亦如是 執取阿賴耶 能為我事業
增益於我所 復与意識俱 為依而轉謝 身中煖觸生 運動作諸業
飲食及衣服 隨事而受用 騰躍或歌舞 種種自歡娛 持諸衆生身
斯由意功力 於如夢翳等 一切諸境界 起種種分別 不知唯自心
如人在空中 攀索以遊戲 飄色不安固 分別亦如是 分別无所依
但行於自境 譬如鏡中像 識種種而見 愚夫此迷惑 非諸明智者
仁主應當知 此三皆識現 於斯遠離處 是即名真實 特進菩薩等
及聖自乾連 遍觀諸億剎 種種皆嚴好 於彼莊嚴中 此土最殊勝
極樂及現喜 乃至於下方 无量億土中 諸佛所稱讚 皆言密嚴國
威德化自然 无始亦无終 本昔如來地 出過於三有 寂靜无所為
自利及利地 功業悉成滿 非不此成佛 欲中施佛事 要從於密嚴
化為无量億 常依於正定 遊戲諸神通 一切國土中 如月无不見
隨諸衆生類 所應而化益 十地花嚴等 大樹与神通 勝鬘及餘經
皆從此經出 此經最殊勝 衆經莫能比 仁主及諸王 宜應盡尊敬
欲色无色界 无想等天宮 佛已超過彼 而依密嚴住 此土諸宮殿
如蓮備衆飾 是一切如來 淨智之妙相 佛及諸菩薩 常在於是中
世尊恒住禪 寂靜最无上 依自難思定 現於衆妙色 色相无有邊
非餘所能見 極樂莊嚴國 世尊无量壽 諸脩觀行者 色相皆亦然

BD00151-1 大乘密嚴經卷上

世尊於何□　密嚴最無上　何自莫思之　現於殊妙色　色於無□□
非餘所能見　極樂莊嚴國　世尊無量壽　諸脩觀行者　色相皆亦然
或見天中天　赫奕含眾形　訶利占波色　真金明月光　孔雀素羅猩
珊瑚蓮電等　或見身羸瘦　弊服寢苫中　或如千日光　處大蓮花上
或見諸菩薩　頂飾龍王髻　或以帝青寶　莊嚴為寶冠　或見輪幢文
魚螺等眾相　或見光麗色　如燒而施空　或見以須弥　置之於古掌
或持大海水　其狀如牛跡　或見作人王　冕服當軒宇　輔佐眾圍繞
共宣於國化　或見諸菩薩　最上脩行者　說於自境界　先佛所知法
或說以智定　速轉於所依　得如幻之身　種種皆无礙　或示了於境
斷諸取著業　諸見皆已除　不受於諸有　譬如膏炷盡　燈滅而涅槃
或有示脩行　一切波羅蜜　衍那之大會　周給无窮盡　苦行持戒等
種種諸儀則　極樂莊嚴國　人非胎藏生　身相如金山　光色常圓滿
瑜伽自在者　安樂及光明　斯人之境界　百分无其一　極樂中之人
自然隨念食　牟尼勝自在　定為甘露味　寶樹名如意　遊憩於其下
妙金為碎末　布地以莊嚴　池蓮及眾花　敷榮而菡萏　如是具嚴飾
憂樂佛功德　專精以迴向　即於佛勝土　蓮花而化生　眾相以莊嚴
皎鏡无塵垢　　尒時金剛藏菩薩摩訶薩說是偈已自現其身
如一指節或如芥子乃至毫端百分之一或現佛身或見獨覺身或現聲聞
身及餘无量種種之形而說於法或說菩薩入於諸地了知五法八識三性及

觀行人所行之道得首楞嚴三昧十幻喻身諸究竟願莫不成滿妻子芯
覺坐妙蓮花諸佛子衆所共圍遶或菩薩以願力故現種種形遊諸
國土歷事諸佛是諸菩薩其身微妙不在有无譬如天仙乾闥婆衆依須
弥住或在虛空地行衆生所不能覩彼諸菩薩亦復如是非觀行者不能得
襌自在三昧力故於十方國土蓮花之宮亦現受生及般涅槃或說菩薩以蘇
力轉於所依而不住實際於一切有衆生處差別現身其心平等如地如水如
日如月或說菩薩以大悲心慜諸衆生輪轉生死孤窮下賤衆苦所逼譬
如黑蜂依船而住遊於大海隨船飄蕩或一由旬乃至百千无量由旬爲說
非我生死无常令知速滅刹那不住或說諸佛及諸菩薩見一切衆生渴愛
迷亂爲分別苦之所逼迫於无相法中而取於相虛妄計着有能所取是
能所取纏縛其心於生死海馳蕩不息貧窮孤露无有所依如大海中
蛛蝥之網佛及菩薩猶住船人於諸衆生心懷慜欲令解脫生死苦難
隨其所應而爲現身說布施等種種諸行

大乘密嚴經卷上

大乘密嚴經妙身生品之餘　　中

尒時普賢衆色大光菩薩摩訶薩與諸同類持世菩薩持進菩薩文殊師

BD00151－1　大乘密嚴經卷上　　BD00151－2　大乘密嚴經卷中

尒時普賢衆色大光菩薩摩訶薩與諸同類持世菩薩持進菩薩文殊師
利菩薩神通王菩薩大勢菩薩金剛齊菩薩大樹王菩薩虛空藏菩
薩等乃至摩尼寶殿无量諸天密嚴土中諸佛子衆并餘佛國來聽
法者聞說密嚴微妙功德於法尊重決定轉依恒居此土不生餘處然皆
愍念未来衆生普欲為其而作利益遂共同心白金剛藏菩薩摩訶薩言
尊者願為我說一切世間若干色像誰之所作如陶工埏埴而造瓶等世間
衆像為如是作為不然耶又如伶人擊動絲竹匏木之類繁會成音一切
世間豈亦如隨一物有三自性世間衆色已成體相若未成者此豈成在一物中
手為夜摩天兜率陀天他化自在天及以大樹緊那羅作為是善現色究
竟天螺髻梵王无色天作為是一切諸天主等同心勠力而共作耶為是此
方及他方中諸佛菩薩以變化力作是一切世間衆像而於此中起諸迷惑
是迷惑見如陽焰水譬如瓶處為德所依一切世間住於處者非諸德
者繫屬於德亦非是德依於德者展轉合故衆德集成如是世間若干
色像為誰惑亂為有住耶或有言是大梵天王那羅延天自在天作或謂
力沙迦娑提耶劫比羅仙自力而作或有妄執從於勝性自然及時无明愛業
而得生起諸天仙等及餘一切修世定人悉懷疑惑為无有體如幻如夢如勢
時焰如乾闥婆城无始分别有能所取如蛇二首如起屍行亦如木人因機動
轉空中垂髮旋大輪耶尒時金剛藏菩薩摩訶薩以偈答曰

運動於一切　如輪轉衆瓶　如油遍在麻　塩中有醎味　亦如无常性　普遍於諸色
沉麝等有香　日月光亦尒　非有亦非无　非能作所作　遠離諸外道　一異等衆見
非智所尋求　不可得分別　定心无礙者　内智之所證　若離阿賴耶　即无有餘識
譬如海波浪　与海雖不異　海淨波去來　亦不可言一　譬如修定者　内定清淨心
神通自在人　所有諸通惠　觀行者能見　非餘之所了　藏識亦如是　與轉識同行
佛及諸佛子　定者常觀見　藏識持於世　猶如線貫珠　亦如車有輪　隨於業風轉
陶師運輪杖　器成隨所用　藏識与諸界　共力无不成　内外諸世間　彌綸悉周遍
譬如衆星像　布列在虚空　風力之所持　運行常不息　如空中鳥跡　求之不可見
然鳥不離空　頡頏而進退　藏識亦如是　不離自他身　如海起波濤　如空含万像
藏識亦如是　蘊藏諸習氣　譬如水中月　及以諸蓮花　与水不相離　不為水所著
藏識亦復然　習氣莫能染　如目有瞳子　眼終不自見　藏識住於身　攝藏諸種子
遍持壽煖識　如雲覆世間　業用增不停　衆生莫能見　世間妄分別　見牛等有角
不了角非有　因言兎角无　分折至微塵　求角无所有　要待於有法　而起於无見
有法本自无　无見何所待　若有若无法　展轉互相因　有无二法中　不應起分別
若離於所覺　能覺即不生　譬如旋火輪　翳幻等衆事　皆因少所見　而生是諸覺
若離於所因　此覺即无有　名想互相繫　習氣无有邊　一切諸分別　与意而俱起
證於真實境　習氣心不生　從於无始來　沉迷諸妄境　戲論而熏習　生於種種心
能取及所取　衆生心自性　瓶衣等諸相　離心无所有　一切唯有覺　所覺義皆无

能取及所取　衆生心自性　瓶衣等諸相　離心无所有　一切唯有覺　所覺義皆无
能覺所覺性　自然如是轉　習氣擾濁心　凡愚不能見　如海風所擊　波浪无停已
心爲境風動　識浪生亦然　種種諸分別　自內而執取　如地无分別　庶物依以生
藏識亦復然　衆境之依處　如人以己手　還自摩捫身　亦如象以鼻　取水自霑沐
復以諸孾兒　以口含其指　如是自心內　現境還自緣　是心之境界　普遍於三有
久修觀行者　而能善通達　內外諸世間　一切唯心識
尒時金剛藏菩薩摩訶薩說此語竟默然而住住无處所微妙之禪遊法界門入諸
佛境見有无量佛子當來此國住修行地便從定起放大光明其光普照欲色
无色无想天宮是光明中復現无量殊勝佛土有无量佛相好莊嚴隨諸世間之
所欲樂而爲利益皆使受持密嚴名号彼諸佛子手相觀察而作是
言密嚴佛土能淨衆福滅一切罪諸觀行人所住之處於諸國最上无比我
等聞名心咸悅樂可共俱往時諸佛子各從所住而來此國尒時淨居諸
天与阿迦尼吒螺髻梵王同會一處咸於此土佛及菩薩生希有心諸梵
王言天主我等今者咸興是念何時當得陪侍天王詣密嚴土尒時梵
王聞是語已与諸天衆遶即同行中路持迴冈知所適梵王先悟作是思
惟密嚴佛國觀行之境若非其人何階可至非是欲色无諸天及外道神
通所能詣我今云何而來至此復自念言我天中天假吾威力而能致往
作是念已發聲歸命即時見有无量諸佛在於道中咸光照耀時螺

最勝无比非有色者所能往詣時螺髻梵王聞佛語已与諸天衆尋還
天宮尒時淨居諸天共相議言螺髻梵王有大威力而不能往當知此土
最為殊勝但是得如幻三昧諸觀行人所行之境如是稱揚密嚴功具
聲展轉靡不傳聞尒時諸佛子衆来此會者聞是語已益加欽敬
白金剛藏菩薩摩訶薩言我等於法深懷渴慕惟願大明為我
宣說金剛藏言佛所說法誰能具演唯除如来之所護念夫如来
者於觀行中最勝自在所有境界不可思議云何可為非觀行人開
示演說時持進菩薩及須夜摩諸佛子等復共同聲請言速說尒時
神通王菩薩文殊師利菩薩慈氏菩薩緊那羅菩薩及餘无量諸
菩薩衆復作是言善哉仁者願速為說是時復有无量諸天於虛
空中作天妓樂同心勸請當尒時螺髻梵王承佛威力而来此會向金剛
藏菩薩摩訶薩而說偈言　令此諸大會　嚴飾未曾有
惠是尊弟子　聰慧无等倫　皆於尊者處　渴仰而求法　我今猶未知
所問為何等　為問嬌羅婆　勝隨及須生　及至感年馬　轉輪王所作
為問甘蔗種　十号持國王　欲色无色中　人天等之法　為問菩薩行
獨覺及聲聞　乃至阿脩羅　星像等衆論　惟願如其事　次第而演說
我等及天人　一心咸聽受　尒時金剛藏菩薩摩訶

[illegible]
我等及天人　一心咸聽受　尒時金剛藏菩薩摩訶
薩告諸大衆汝當不聞壞髻梵王淨居天衆及諸佛子勤心請法尒時
解脫月菩薩无盡慧菩薩虛空王菩薩持世菩薩得大勢菩薩觀
自在菩薩陀羅尼自在菩薩寶髻菩薩天冠菩薩金剛手菩薩寂
靜慧菩薩寶手菩薩及餘无量諸億土中俱來佛子咸共瞻仰金剛
藏尊而說偈言　過去及未來　如來清淨智　尊於佛親受　明了心无疑
此衆皆樂聞　願尊時演說　尒時金剛藏三昧王菩薩觀大衆會
如來所說法　非我具能演　唯除佛菩薩　威神之所護　我今至心礼　自在清淨宮
摩尼寶莊嚴　佛及諸佛子　我以敬心說　如來清淨智　紹隆佛種姓　汝等應聽受
非說過去等　最勝諸王法　但示於密嚴　如來之種姓　佛智甚微妙　牟尼勝功德
已觀之所行　離諸心妄計　是故非我力　能演此甚深　但以佛威神　從佛而聽受
此智最微妙　是諸三昧花　佛在密嚴中　已受而開演　遠離諸言說　及以一切見
若有若无等　如是四種邊　是名最清淨　中道之妙理　密嚴諸定者　於此能觀者
於此能觀察　離者而轉依　速入如來地　尒時會中諸佛子衆聞金剛
藏菩薩摩訶薩說是偈已稽首恭敬而白之言我等於法深生愛樂如
渴思飲如蜂念蜜今此會中諸佛子衆於深定智皆得自在有大神力王
諸世界願聞如來所說之法唯願尊者以梵音聲因陀羅聲及以如來所
說之法唯願尊者以梵音聲因陀羅聲及以如來所說可深遠之音演殊

无能見者手足所説種種義趣難可得見亦復如是世間之法有智慧
者能以譬喻示明顯説佛口所宣過諸譬喻非言所及我之所見譬如夢
境乾闥婆城今此會中諸觀行者有大智慧於真實義已得明了
我今云何能為是人説不思議諸佛境界雖然當承如来威神之力為
衆宣述汝諸佛子咸應諦聽如来所説文義相應出過心意非喻所
及譬如妙花衆蜂競採先至之者取其精粹後来至者但味其餘
如是如来得法精粹我味其餘為衆説耳即説偈言
天中天境界　增悅諸明智　非心口所能　度量分別説　為欲普降伏　世間憍慢心
亦同人之形　佛相為嚴飾　圓光及輪輻　種種皆成就　遊處諸宮殿　人天共所瞻
如来四時中　常依密嚴住　而於諸世界　現生及涅槃　淳善少減時　惡生及濁亂
隨諸衆生類　所應而利益　業用无暫停　密嚴恒不動　密嚴无垢處　觀行者所依
惡生濁亂時　顯示如来相　譬如淨滿月　影遍於衆水　如是諸色像　普現於世間
如来淨智境　智者所觀見　以諸衆生類　所樂各不同　佛以種種身　隨宜而應化
或見大自在　或見毗紐天　或見迦毗羅　任生而説法　或見毗陁者　或復見苦行
或見婆日那　鳩摩及戸棄　羅睺敦部等　乃至緊那羅　日藏月種王　一切所瞻仰
金剛等衆寶　乃至於鉱錫　皆由佛威力　隨應而出生　天女及龍女　乾闥婆之女
治容而進趣　不能惑其心　欲界中諸境　如来已降伏　色无色亦然　无有能迷動

治容而進趣　不能惑其心　欲界中諸境　如来已降伏　色无色亦然　无有能迷動
无想諸定者　未離於惑纏　非妄非清淨　退墮而流轉　有身者所生　非如密嚴國
密嚴後妙土　清淨福爲嚴　解脫知見人　最勝之依處　十種大自在　力通三昧法
如佛而嚴飾　意生之妙身　修行於十地　施等波羅蜜　衆相以莊嚴　其身甚清淨
遠離於分別　亦非无覺了　无有我意根　慧根常悅樂　施等諸功德　淨業悉圓滿
得佛勝所依　密嚴之淨國　此土最後妙　不以日爲明　諸佛及菩薩　鄣光而普照
其光甚威曜　逾於百千日　无有晝夜時　亦无老死患　密嚴最勝處　諸天所希仰
最上修行者　地地而進修　了知一切法　皆以心爲性　善說阿賴耶　三性法无我
其身轉清淨　而来生此國
大乘密嚴經胎生品第三
尒時金剛藏
菩薩摩訶薩復告螺髻梵王言　天主當知衆生之身九物爲性有爲衆相
恒共遷動大種諸色猶塵之聚以諸不淨精血合成爲无量業常所纏覆
譬如毒樹扶踈翳薈貪恚及癡而共增長　於九月或過月餘業力馳生
機運動從於產門倒首而出煩冤逼迫受无量苦　天主此諸衆生或從人中
或從畜生餓鬼羅刹阿脩羅等而来生此或有曾作轉輪聖王乃至天中
威力自在或是持明外道仙人并其眷屬或修禪者退失禪定從如是
等處而生此中既生之已諸根長大隨所親近宿習因緣而造諸業復因
此業輪迴諸趣若有智者遇善知識聞法思惟而得解悟不着文字離諸分
別入三昧解脫門見法真理最上清淨最上上清淨而来住此密嚴佛國於无量

寶非自性生亦非无明愛業所生何以故无明愛業因相而有若能了達悉
滅无餘亦无名字及以分別斯人即生密嚴佛土天主若諸定者住於三昧心有
攀緣即為色聲之所誑惑而生取著不能堅固此即名為嚴動之道是三
昧力生於欲界及色无色乃至无想衆生之處是人即為三昧所縛若住三昧
善調其心離能所取離二取已心即不生是名真實觀行之者若欲生於密
嚴佛國常當住此真實三昧
大乘密嚴經顯示自作品第四　　尒時金剛藏
菩薩摩訶薩復告螺髻梵天王言天主心有八種或復有九與无明俱為世間
因世間悉是心心法現是心心法及以諸根生滅流轉為无明等之所變異其根
本心堅固不動天主世間因緣有十二分若根若境能生所生剎那壞滅從於梵世
至非非想皆因緣起唯有如來離諸因緣天主內外世間動不動法皆如瓶等
壞滅為性天主諸識微細遷流速疾是佛境界非諸世間仙人外道所能知
見衆仙外道為愛所纏不能了知心相差別天主假使有人勉意勤行歌
讚祠祀毗陁之法而祭於大種於一月或滿四月如是一歲至于千歲生於梵
境終亦退還天主汝不知耶三昧隨行所得之果譬如芭蕉性不堅固天主密
嚴佛土是諸如來解脫之處從智定得若樂解脫應善修行天主密嚴
中人无有眷屬生死之患其心不為諸業習氣之所染著如蓮花出水如
虛空无塵如日月高昇淨无宝翳一切諸佛恒共攝受沐淨戒流飲智慧

虚空无塵如日月高昇淨无宝翳一切諸佛恒共攝受沐淨慈流飲智慧
液得真實解度生死岸天主衆生身中諸界五蘊識等衆法皆无所有眼
色為緣而生於識譬如因木火得熾然天主一切境界隨妄識轉如鐵動移
逐於慈石又如陽燄乾闥婆城是諸渴鹿愚幼所取此中无有能造等物但是
凡夫心之變異天主如乾城之中人衆往来馳騖所作見而非實衆生之身進
心去為亦復如是如夢中所見寤即非有世間之人見蘊等法覺心明照本来
寂靜天主地等和合微塵之聚若離於心即无所得世間諸物可持舉等數
非大種之所合成譬如風淡病緣或乱見種種物又如起屍无能作者世間諸
法悉亦如是汝諸佛子應懃觀察天主一切世間動植之物譬如水沫共聚
成形瓶衣等想同於陽燄苦樂諸受猶如浮泡行如芭蕉中无有堅識如幻事
虚偽不實天主三界之中動不動法同於夢境迷心所現亦如幻事乾闥婆
城但誑愚夫若諸佛子於如是法能正覺知心无所畏以智慧火焚一切諸惑
因緣即生妙樂密嚴之主天主一切世間皆无有相相繫縛无相即解相是心境
心境不實真實之法是智境界遠離衆相非心所行天主一切諸相是三界
法色聲等法名之為相諸根境界一切衆生繫縛之因若能於相而不貪着
衆縛悉除安樂自在　尒時寶髻菩薩摩訶薩在大衆中坐殊妙座
向金剛藏菩薩摩訶薩而作是言尊者於諸億佛國菩薩衆中最為
上首成最上智了所知法无量差種皆已明見在瑜祇衆能淨彼疑善知衆

法是蘊因緣生於此身及後身故智能脫苦憂為堅縛尊者衆生之心因色
与明作意等緣馳散於境其心速疾難可覺知无明愛業以之濁乱尊者衆
生身中種種諸法意為先導意最速疾意為殊勝隨所有法与意相應
彼法皆以意為其性如摩尼珠顯現衆彩如是之義仁何不說又如衆色
摩尼之寶隨所相應種種明現仁亦如是具如來像住自在宮諸佛子衆所
共圍遶亦應如是隨宜說法　　尒時金剛藏菩薩摩訶薩言密嚴佛
土是最寂靜是大涅槃是妙解脫是淨法界亦是智慧及以神通諸觀行
者所止之處本來常住不壞不滅水不能濡風不能燥非如瓶等勤力所成
尋復破壞非諸似因及不似因之所成立何以故宗及諸分是不定法諸宗及
因各差別故密嚴佛土是轉依識超分別心非諸妄情所行之境密嚴佛土是
如來處无始无終非彼塵生非自性非樂欲生不從摩醯首羅而生亦非无明
愛業所生但是无功用智之所生起出過欲界及色无色无想天中闇寘之網
密嚴佛土阿若悉檀非因明者所量境界亦非勝性自在聲論毗陁如是等
宗之所顯亦乃至於資糧位智慧之力不能照了唯是如來十地所脩清淨智境
諸仁者一切凡夫迷於世間於業非業我今當說業義令諸定者樸於安樂
說偈言　　內外一切物　所見唯自心　衆生心二性　能取及所取　心體有二門
即心見衆物　　凡夫性迷惑　於自不能了　所見衆境界　皆是自所為　瓶等相現前
來之悉无體　　諸仙智猶劣　不能明了知　捨於真實理　而行分別路　是心有二性

因心見衆物　[illegible]　於自不能了　而見衆境界　皆是自所爲　[illegible]
來之悉无體　諸仙智慧等　不能明了知　捨於真實理　而行分別路　是心有二性
如鏡含衆像　亦如水現月　翳者見毛輪　毛輪與瓔珠　此皆无所有　但從病翳眼
若斯而顯現　瓶衣皆自識　衆生亦復然　虛妄計著人　不知恒執取　衆生及瓶等
種種諸形相　内外雖不同　一切從心起　此密嚴妙定　非餘之所有　若有能修行
出過於衆地　或生欲自在　及以色界天　乃至无想宮　阿迦尼吒處　空識无所有
非想非非想　如是諸地中　漸次除貪欲　住彼非究竟　尋來生密嚴　佛子衆圍遶
自在而遊戲　汝應修此定　何爲着親屬　眷屬相羈縛　輪迴生死因　男女相歡愛
精血共和合　女蟲生臭泥　此中生亦尒　九月或十月　諸根漸成就　時至出母胎
譬如蟲蠕動　從此而長大　乃至心了知　我觀諸衆生　生生悉如此　父母无有數
妻子亦復然　一切諸世間　无處不周遍　譬如石女人　夢已忽生子　捧對方歡樂
尋又見其亡　悲哀不自勝　忽然從睡覺　不見有其子　初生及後終　又夢山川中
田野村城邑　人衆悉充滿　共營諸業務　彼此乎相見　猶如世所爲　及從於睡覺
一切皆非有　復有多欲人　夢瞻於女色　姿容極姝麗　眼玩皆珍綺　在夢極歡娛
覺已即无見　一切世間事　當知悉如是　王位及軍旅　父母并宗親　但誑於凡夫
體性皆非實　汝於如是定　何故不勤修　无量諸聲聞　獨覺及菩薩　在於空閑處
山林極寂靜　或住於乳海　及以摩羅延　須弥与頻隨　摩醯因陁羅　雞羅娑寶跡
及至雪山等　或在劫波樹　波利耶多羅　拘鞞羅樹下　末佉波羅上　食閻浮果味
及諸不死食　具足諸神通　而常修此觀　過去未來世　常坐於蓮花　結跏身不動

水大虛空相　若離是分別　其心不動搖　即於三昧中　見无量諸佛　一時共舒手
以水灌其頂　如是入佛地　一切皆明覺　具足衆色身　隨宜而普現　力通諸自在
三昧陁羅尼　如是等功德　莫不皆成就　分析於諸色　乃至觀微塵　自性无所有
譬如虎兔角　无分无分者　蘊有蘊亦然　同於幻所作　一切皆如是　此中无業果
亦无作業人　无能作世間　設有非能作　能作待於作　何名能作人　此言成過失
說者非清淨　若謂去向有　水輪与地輪　及衆生世間　次第而安布　諸趣各差別
彼此互往來　誰復作諸根　隨情取於境　此等皆分別　展轉而變異　同於乳酪蘇
如是生住滅　若業若非業　於斯生妄計　定者常觀此　如夢与乾城　衆生无始來
戲論所熏習　生起於分別　種種衆過咎　諸根猶如幻　境界同於夢　能作作及業
定者不分別　智慧微妙者　妄生諸惡見　計有於能作　作一切世間　或謂摩尼珠
金銀等衆礦　鳥獸色差別　刺端纖以利　此等誰所為　當知无作者　世間非緣性
微塵等緣作　亦非无有因　自然而得有　或心妄計者　不知其體性　為業為非業
如是而分別　如毒入於乳　隨變与相應　諸法亦復然　分別常俱起　法性非是生
亦非是滅壞　惑者不能了　種種異分別　定者應觀察　世間唯積聚　若業若非業
於此物思惟　諸趣互來往　譬如於日月　在空无所壞　隨風而運轉　業性其微隱
密嚴者能見　脩行觀行人　不為其所縛　譬如大燒木　須臾作灰燼　智火焚業薪
當知亦如是　又如燈破闇　一念盡无餘　諸業之闇冥　多劫所熏聚　牟尼智燈照
剎那悉除滅

大乘密嚴經分別觀行品第五

刹那悉除滅　　　　大乘密嚴經分別觀行品第五

尒時金剛藏菩薩摩訶薩復告大衆諸仁者譬如有人在空閑地以溼凡草木
聚之成宇既而諦觀一一物中无舍可得又如多指共合成拳離指求拳即无所
有軍徒車乘城邑山林瓶衣等物一切皆是和合所成智者觀之悉如夢事
凡夫身宅亦復如是諸界積集譬如高山危脆不安同於朽屋不生不滅非自
非他如乾闥婆城如影如雲如陽焰如繢像雖可現覩性常清淨遠一切
有无分別如盲与跛相假而行无決定性乃至分析至於微塵但有空名都
无實物若諸定者作是思惟即於色聲等法不生覺念離覺念已心得
休息泰然解脫不受諸有常樂修行甚深禪定諸天仙等端正女人而
来供養如觀夢事不生染著身雖在此諸仙外道持呪之人乃至梵天不能
見項是人不久生摩尼寶藏宮殿之中遊戲神通具諸功德此觀行法是大
心者所行境界仁應速發廣大之心大心之人疾得生於光明宮殿離諸貪欲
瞋恚愚癡乃至當詣密嚴佛土此土廣博微妙寂靜无諸老死衰惱之患遠離
衆相非識所行妄計之人所不能得諸仁者此土清淨觀行所居若懷希仰當
勤脩習斷貪瞋癡離我我所何以故貪等煩惱取諸境界著取於境
即二覺生如有女人端正可喜有多欲者見已生著欲心迷亂若行若坐飲
食睡眠專想思惟更无餘念彼女容相常現於心此心即爲境界纏之所
濁亂是故於境不應貪著諸仁者譬如有人見牛鹿山羊有角之獸即於虛

至未離分別之心常生如是不平等見諸仁者應以智慧審諦觀察心之所行一
切境界皆如妄計見牛兎等若諸佛子作如是觀隨其意樂或生人中為
轉輪王有大威力騰空來往或生日月星宿之宮四天三十三天夜摩天率陁天
乃至自在天生摩尼藏殿或生色界梵身等天脩行定者十梵之處无煩
无熱善見善現阿迦尼吒空處識處无所有處非想非非想處住於彼已
漸除貪欲從此而生清淨佛土常遊妙定至真解脫尒時金剛藏菩薩摩訶
薩復說偈言

如因乳破　而成於凡　剎那各別　恒是无常
因種生牙　牙生種壞　入如陶匠　以泥作瓶　泥是香摩　瓶如其色
若復蕪用　餘色泥作　火燒熟已　各離色生　箭依生葦　角生於糅
不淨之處　蠅生於蟲　世間之中　有果似因　或有諸物　不似因者
皆因變壞　而有果生　微塵等因　體不變壞　不應妄作　如是分別
无能作我　内我勝我　亦无我意　境界諸根　和合為因　而生於識
智者方便　善智衆地　破煩惱等　一切諸魔　世有貪愛　如淡得蜜
貪愛若除　衆縛悉解　如虵螫物　瞋毒亦然　瞋毒亦然　生死趣中
多所惱害　諸仁若欲　令彼除盡　宜各勤心　脩行觀行

大乘密嚴經阿賴耶建立品第六　尒時金剛藏菩薩摩訶薩復
告衆言諸仁者我念昔日曾蒙佛與力而得妙定廓然明見十方國土
脩世定人及佛菩薩所住之處於如是處中密嚴佛國土安樂第一諸佛菩

修世定人及佛菩薩所住之處於如是處中密嚴佛國土安樂第一諸佛菩
薩數如微塵處蓮花藏我於尒時一心瞻仰尋從定山即自見身与諸菩
薩在密土復於尒時見解脫藏住在宮中其量大小如一指節色相明潔如阿
怛斯花亦如空中清淨滿月我時見已便生念言此為是誰而有如是不思
議事作是念時即見我身在其身内於中普見一切世間尒時蓮花藏中无量菩
薩以佛神力亦如是見咸生是念此為希有不可思議時天中天所為事畢
還攝神力諸菩薩等悉復如故我時見此希有事已知諸菩薩種種變現
是佛境界不可思議諸仁者如來昔為菩薩之時從初歡喜至於法雲
地得陁羅尼句義无盡及首楞嚴等諸大三昧意生之身八種自在如
應而現遊戲神通名稱光明如是等一切功德悉已成就轉復清淨逮成
正覺住密嚴土隨宜變化佛及菩薩種種色像自然周遍一切世間轉妙
法輪令諸眾生速滅癡闇修行善法或有菩薩見佛身相尸利婆蹉等
具足莊嚴自然光明猶如盛火与諸菩薩住如蓮花清淨之宮常遊妙定以
為安樂或見大樹緊那羅王現百千億種種變化如月光明遍諸國土或
見无量佛子智慧善巧承相莊嚴頂飾寶冠身佩瓔珞住兜率陁天等
諸天之宮或見普賢有大威力得一切智无礙辯才身相光明獨无輪比所居
宮殿如淨滿月雖住密嚴正定之海而現眾色像靡不周遍一切賢聖所
共稱讚无量天仙乾闥婆等國王王子并其眷屬圍繞侍衛或復見有觀行

涅槃於虛空中行住坐卧現諸神變令閻浮提至色究竟諸天人等莫
不瞻仰諸仁者諸佛體性唯佛所知佛之智慧最上无比如釋迦牟尼人
中師子之所已得汝諸佛子咸當得之是故仁等應生淨信信為佛體
必當解脫斯人或作轉輪聖王及諸小王乃至梵天等宮而為天主是
諸佛子轉復精進於蓮花藏清淨佛土与諸菩薩蓮花生入一乘道
離貪等習乃至降伏欲界天魔夫精進者志心无怯弱光隆佛家王諸
國土諸仁等若欲作佛當淨佛種性淨種姓已必為如來之所授記成
无上覺見利益一切諸脩行者譬如大地与諸衆生而作所依又如良醫善調
衆藥周行城邑普心救療佛亦如是平等教化心无分別設衆生割截肌
膚心亦不動諸仁者內外境界心之所行皆唯是識惑亂而見此中无我亦无
我所能害及以害具一切皆是意識境界依附賴耶如是分別譬如有人
置珠日中或因鑽燧而生於火非是珠燧所生亦非人作心意意識亦復
如是根境作意和合而生此性非如陽焰夢幻迷惑所取亦不同於龜毛
之毛及以兔角如霹靂火為從水生為從電生為雲生耶无能定知此所從生
如見陶師造於瓶等欲等心法与心共生亦復如是諸仁者心之體性不可
思議密嚴中人善能知見諸仁者一切衆生阿賴耶識本來而有圓滿清
淨出過於世同於涅槃譬如明月現衆國土世間之人見虧盈而月體性未曾
增減藏識亦尒普現一切衆生界中性常圓潔不增不減无智之人妄生計

增減藏識亦尒普現一切衆生界中性常圓潔不增不減无智之人妄生計
著若有於此能正了知即得无漏轉依差別此差別法得者甚難如月在
雲中性恒明潔藏識亦尒於轉識境界習氣之中而常清淨如河中有
木隨流漂轉而木与流體相各別藏識亦尒諸識習氣雖常与俱不為
所雜諸仁者阿賴耶識恒与一切染淨之法而作所依是諸聖人現法
樂住三昧之境人天等趣諸佛國土悉以為因常与諸乘而作種性若
能了悟即成佛道諸仁者一切衆生有具功德威力自在乃至險難之處
阿賴耶識恒住其中作所依止此是衆生无始時界諸業習氣能自增
長餘之七識由是凡夫執為所作內我諸仁者意在身中如風速轉業風
吹動遍在諸根七識同時如浪而起外道所計勝性微塵自在時等悉
識由先業力及為因成就世間若干品類妄計之人執為作者此識體
相微細難知未見真實心迷不了於根境意而生愛著尒時金剛
藏菩薩摩訶薩復說偈言　汝等諸佛子　云何不見聞
藏識體清淨　衆身所依止　或具三十二　佛相及輪王　或為種種形
世間皆悉見　譬如淨空月　衆星所環遶　諸識阿賴耶　如是身中住
譬如欲天主　侍衛遊寶宮　江海等諸神　水中而自在　藏識處於世
當知亦復然　如地生衆物　是心多所現　譬如日天子　赫奕乘寶宮
旋遶須彌山　周流照天下　諸天世人等　見之而禮敬　藏識佛地中

已受當受記　廣大阿賴耶　而成於正覺　密嚴諸定者　与妙定相應
能於阿賴耶　明了而觀見　佛及辟支佛　聲聞諸異道　見理无怯人
所觀皆此識　種種諸識境　皆從心所變　瓶衣等衆物　如是性皆无
悉依阿賴耶　衆生迷惑見　以諸習氣故　所取能取轉　此性非如幻
陽焰及毛輪　非生非不生　非空亦非有　譬如長短等　離一即皆无
智者觀幻事　此皆唯幻術　未曾有一物　与幻而同起　幻焰及毛輪
和合而可見　離一无和合　過未亦非有　幻事毛輪等　在在諸物相
此皆心變異　无體亦无名　世中迷惑人　其心不自在　妄說有能幻
幻成種種物　幻師覩見等　所作衆物類　動轉若去來　此見皆非實
如鐵因慈石　所向而轉移　藏識亦如是　隨於分別轉　一切諸世間
无處不周遍　如日摩尼寶　无思及分別　此識遍諸處　見之謂流轉
不死亦不生　本非流轉法　定者勤觀察　生死猶如夢　是時即轉依
說名為解脫　此即是諸佛　最上之教理　審量一切法　如稱如明鏡
又如大明燈　亦如試金石　遠離於斷滅　正道之標相　脩行妙定者
至解脫之因　永離諸雜染　轉依而顯示

大乘密嚴經卷中

大乘密嚴經卷中

大乘密嚴經自識境界品第七　卷下

尒時金剛藏菩薩摩訶薩徧觀十方從髻珠中放大光明其光普照
一切國土及密嚴中諸菩薩衆放斯光已即告如實見菩薩言仁主雪山
之中有一惡獸名為能害變詐百千以取諸獸殺之而食若見牝鹿有子
之者便為子聲悲鳴相呼若見牡鹿便現有角與其相似而往親附
彼无驚懼殺而食之見牛馬等種種諸獸悉同彼形而肆其惡仁主一
切外道於向積耶所生我見亦復如是如彼惡獸變種種形着我之人所
執我相各各差別乃至極小由如微塵仁主是諸我執於何而住於餘但
住自識計我之言我與意相境和合意等和合而有識生本无有我如衣
與香和合而有香氣未和合時无香可得是故當知但唯有識心及心法无
別有我如盤中菓如籠中燈如伊尸迦文闍之草而可得者但以因緣心心法生
此中无我亦无有生微妙一相本來寂靜是諸佛菩薩觀行之人內證境界
諸外道等不了唯識生於我見无知法智而強分別執着有无若一若多我我
所論如彼惡獸多所傷殺此亦如是令諸衆生於生死中馳鶩往來不肯觀

得聞仁主諸觀行人咸於此識淨除我見汝及諸菩薩摩訶薩亦應如是既自
勤脩復為人說令其速入密嚴佛土

大乘密嚴經阿賴耶微密品第八

尒時衆中有菩薩名曰寶手白衆色最勝王言王應請問金剛藏住三昧者
一切世間所有衆法離諸分別及以名字不相應之名彼法自性於何而住此諸
佛子專心願聞時衆色最勝王即隨其義而問之曰

名想等境界　一切世間法　為唯是分別　為離分別有　如其所立名　是名何所住
金剛自在者　願為我宣說

尒時金剛藏菩薩摩訶薩以偈荅曰

世間種種法　一切唯有名　但想所安立　離名无別義　四蘊唯名字　是故說為名
如名摩納婆　但名无有體　佛及諸佛子　說名唯在相　離相而有名　不作是分別
是故依於相　分別種種名　譬如袟哇等　此皆无有實　凡夫所分別　莫不皆依相
是故世間法　離相即皆无　瓶衣車乘等　名言所分別　色相雖可說　體性无所有
世間衆色法　但相无有餘　唯依相立名　是名无實事　王應觀世間　離名无所有
但以分別心　而生於取著　若離於分別　取著即不生　无生即轉依　證於无盡法
是故大王等　常應觀想事　但是分別心　離此即无有　形相體增長　散壞質與身

是故大王等 常應觀想事 但是分別心 離此即无有 形相體增長 散壞質與身
如是等衆名 皆唯色之相 相名及分別 體性本无異 隨於世俗義 建立而不同
若捨離名字 而求於物體 過去及未來 此皆无所得 无有所知法 所知唯是名
世法悉如是 以名分別法 法不稱於名 諸法性如是 不住於分別 以法唯名故
想即无有體 想无名亦无 何處有分別 若得无分別 身心恒寂靜 如木火燒已
畢竟不復生 譬如人負擔 是人名擔者 隨其擔有殊 擔者相差別 名如所擔物
分別名擔者 以名種種故 分別各不同 如見瓶為人 見人以為瓶 人瓶二分別
但有於名字 諸大和合中 分別以為色 若離於諸大 色性即无所有 如得依瓶處
瓶衣名亦然 捨名而取瓶 瓶終不可得 瓶不住瓶體 名豈住於名 二合生分別
名量亦非有 住於如是定 其心不動搖 譬如金石等 本來无水相 與火共和合
若水而流轉 藏識亦如是 體非流轉法 諸識共相應 與法同流轉 如鐵因慈石
同迴而轉移 二俱无有思 狀若有思覺 賴耶與七識 當知亦復然 習繩之所牽
无人而若有 普遍衆生身 周行諸險趣 如鐵与慈石 展轉不相知 或離於險道
而得住諸地 神通自在力 如幻首楞嚴 乃至陁羅尼 莫不皆成滿 讚佛實功德
以之為供養 或現无量身 一身无量手 肩頭口及舌 展轉皆无量 往詣十方國
供養諸如來 或雨衆妙花 寶衣及瓔珞 其積甚高廣 如須弥等山 供養於如來

已轉於所依　闡揚五種法　八識及无我　相續无暫停　一心而供養　或自身為小
其量如微塵　復現為大身　无邊不可測　種種諸色相　以供養如來　或於自身中
普納諸世界　復以諸世界　置之於芥子　大海為牛跡　牛跡海亦然　是中諸衆生
身心无所燒　一切所資用　平等而鑑照　如日月如地　如水及火風　又如大寶洲
亦如良妙藥　諸法不生滅　不斷亦不常　一異及來出　如是悉无有　妄立種種名
是為遍計性　諸法猶如幻　如夢與乾城　陽焰水中月　火龍雲雷等　此中妄所取
是為遍計性　種種諸名字　說於種種法　此皆无所有　是為遍計性　一切世間法
不離於名色　斯皆但有名　離名无別義　如是遍計性　我說為世間　眼色等為緣
而起三和合　聲依桴鼓發　牙從地種生　宮殿及瓶衣　无非衆緣起　衆生若諸法
此悉依他性　若法是无漏　其義不可捨　證智所從生　此性名真實　諸法相差別
已說其自性　若離自性門　諸法不明了　如人人衆物　幻作種種形　色相雖不同
性皆无決定　世事悉如是　種種皆非實　妄情之所執　遍計无有餘　辟如摩尼寶
隨色而像現　世間亦復然　但隨分別有　體用无所在　是為遍計性　如乾闥婆城
非城而似城　亦非无有因　而能如是見　世間種種物　應知悉亦然　日月及諸山
屋宅煙雲等　體相各差別　未曾有雜亂　自他及與共　體性皆不成　但是所分別
遍計之自性　諸物非因生　亦非无有因　若有若非有　此皆情所執　名依於相起
二從分別生　正智及如如　遠離於分別　心名相顯現　相為意所依　意及五心生

[illegible]
二從分別生　正智及如如　遠離於分別　心如相顯現　相爲意所依　意及五心生
猶如海波浪　習氣无有始　境界亦復然　心因習氣生　境令心惑亂　依止賴耶識
一切諸種子　心如境界現　是說爲世間　七識阿賴耶　展轉力相生　如是八種識
不常亦不斷　一切諸世間　似有而妄布　有計諸衆生　我等三和合　發生種種識
了別於諸境　或有妄計言　作者業因故　生於梵天等　內外諸世間　世間非作者
業及微塵作　但是阿賴耶　變現似於境　藏識非緣作　藏亦不作緣　諸識雖流轉
无有三和合　賴耶體常住　衆識與之俱　如輪與水精　亦如星共月　從此生習氣
新新自增長　復增長餘識　餘識亦復然　如是常輪轉　悟者心方息　譬如火燒木
漸次而轉移　此木既已燒　復更燒餘識　无漏亦亦然　漸除諸有漏　永息輪迴法
此是現法樂　三昧之境界　衆聖由斯道　普詣十方國　如金在礦中　无有能見金
智者善陶鍊　真金方明顯　藏識亦如是　習氣之所纏　三昧淨除已　定者常明見
如酪未攢搖　蘇終不可見　是故諸智者　攢酪而得蘇　藏識亦復然　諸識所淹覆
密嚴諸定者　勤觀乃能得　密嚴是大明　妙智之殊勝　佛子勤修習　當生此國中
色及无色界　空識非非想　於彼常勤修　而來生此處　此中諸佛子　威光猶日月
住於修行地　演說相應言　如來所證法　隨見而依轉　一切佛世尊　灌頂受其位
雖住密嚴土　應物隨所宜　在空而變化　若見或聞法
[illegible]

知隨於自識現衆境界若自了知大樊薪即皆息滅入无漏位名聖人諸仁者阿
賴耶識變似衆境弥於世間染意恒緣執我我所意識於境各各了别諸仁者心
積集業意亦復然意識了知種種諸法五識分别現前境界如醫目者見似毛
輪於似色心中非色諸仁者如摩尼寶體性清淨若置於日月光中隨其所應各
雨其物阿賴耶識亦復如是諸如來清淨之藏與習氣合變似衆色周於世間若
无漏相應即雨一切諸衆功德法如乳變異而成於酪接阿賴耶識亦復如是變似
一切世間衆色如翳目者以翳病故見似毛輪一切衆生亦復如是以習氣翳住藏識
眼生諸似色此所見色譬如陽焰遠離有无皆阿賴耶之所變現諸仁者依於眼有
似色識如幻而生住於眼中其相飄動如熱時焰諸仁者一切衆色皆阿賴耶與色習相
應變似其相非别有體同於愚夫妄所分别諸仁者一切衆生若坐若卧若行若立惛
醉睡眠乃至狂走莫不皆是阿賴耶識譬如盛日舒光燭地地蒸飄動猶如水
流渴獸迷惑向之奔走阿賴耶識亦復如是體性非色而似色現分别之人妄生取著
如慈石力令鐵動移雖无有心似有心者阿賴耶識亦復如是為生死法之所攝持往
來諸趣非我似我如水中有物雖无思覺而隨於水流動不住阿賴耶識亦復如是
雖无分别依身運行如有二象捔力而闘若一被傷退而不復阿賴耶識應知亦然斷
諸染分更不流轉譬如蓮花出離淤泥皎潔清淨離諸塵垢諸天貴人見之珍敬阿
賴耶識亦復如是出習氣泥而得明潔為諸佛菩薩大人所重如有妙寶世所希

賴耶識亦復如是出習氣泥而得明潔為諸佛菩薩大人所重如有妙寶世所希
絕在愚下人邊常被汙賤智者得已厭之於王用飾寶冠為王所戴阿賴耶識亦復
如是諸是如來清淨種性於凡夫位恒被雜染菩薩證已斷諸習氣乃至成佛常
所寶持如美玉在水龜衣所覆阿賴耶識亦復如是在生死海為諸惡習覆而不
現諸仁者阿賴耶識有能取所取二種相生如蛇有二頭所樂同往此亦如是與色相俱
世間之人取之為色計我我所若有若無能作世間於世自在諸仁者阿賴耶識
雖種種變現而性甚深無智之人不能覺了譬如幻作諸獸或行或走相似眾生都
無定實阿賴耶識亦復如是幻作種種世間眾生而無實事凡愚不了妄生取
著起微塵勝性自在丈夫有無等見諸仁者意能分別一切世間是分別見如盡
中質如雲中形如翳夢者所見之物如因陁羅弓如乾闥婆城如谷響如陽焰
水如川影樹如池像月分別之人於阿賴耶如是妄取若有於此能正觀察知諸
世間皆是自心是分別見即皆轉滅諸仁者阿賴耶識是意等諸法習氣所依為
分別心之所攝濁若離分別即成無漏無漏即常猶如虛空若諸菩薩於阿
賴耶而得三昧則生無漏禪定解脫及方便力自在神通如是等諸功德法乃
究竟願意生之身轉於所依識界常住同虛空性不壞不盡諸仁者如來普
見一切世間無有增減般涅槃者非是壞滅亦無非眾生而今始生十方國土同

有餘无餘降魔等事皆是妄說是故當知諸觀行者證於解脫其身
常住離衆有蘊滅諸習氣譬如熱鐵投之冷水熱勢雖除而鐵不壞證
是諸仁者阿賴耶海為戲論廣重所繫五法三性諸識波浪相續而生所有
境界其相飄動於无義處中似義而現諸仁者阿賴耶識行於諸蘊稠林
之中意為先導意識決了色等衆境五識依根了現境界所取之境莫不皆
是阿賴耶識諸仁者阿賴耶識與壽命煖觸和合而住於此識復住意所餘
五識亦住自根諸仁者心意及識住於諸蘊為業所牽流轉不息諸所有業
因愛而起以業受身身復造業捨此身已更受餘身如步屈蟲行心及心
法生於諸趣復更積集稠林之蘊諸仁者壽煖及識若捨於身身无覺知
同於木石諸仁者藏識是心執我名意取諸境界說之為識諸仁者心能持
身意着諸趣意識遍了五現分別諸仁者藏識為因生於諸識意及意
識又從所緣无間而起五識復增上緣生以同時自根為增上故諸仁者身如起
屍亦如陽燄隨於諸行因緣而轉非是虛妄亦非真實為愛所牽性空无我諸
仁者意等諸識與心共生五識復與意識同生如恒時大地俱轉諸仁者阿賴耶
識為愛所熏而得增長自增長已復增餘識如輪不絕以識故衆趣得生
於諸起中識復增長恒與世間更互為因如河中流前後不斷如芽與種相

於諸起中識復增長恒與世間更互為因如河中流前後不斷如手與種相
續而生各各差別分明顯現識行亦尒三和合已復更和合差別而生无有
斷絶內外衆法因茲而起一切凡夫不了自心汝諸佛弟子應勤觀察尒時衆
色冣勝王等復向金剛藏菩薩摩訶薩而作是言

金剛三昧藏 得无所畏者 善入於密嚴 能演一切法 佛及諸佛子 三昧正思惟
所觀諸法相 微妙寂无比 唯願大智者 為我等宣說 尊者恒在 摩尼月藏宮
坐於師子座 菩薩衆圍繞 願為諸瑜祇 說密嚴之法 此是月幢佛 為衆所開演
彼衆當來此 願說而无惓

尒時月幢世尊无量分身在於欲色諸天宮殿有无央數菩薩及諸天等圍繞供養
說密嚴中諸无畏者所脩觀行實相之法彼諸菩薩聞說是已得內證智相應三
昧心不樂於正位之樂不住實際即於定中手相觀察心各念言其誰已見證於實相觀行
之首云何而得見斯人手心生渴仰僉然而住彼諸佛子復更思惟何者是定云何非定
於何所定孰是其定所待之緣作是念已以三昧力見密嚴土中菩薩之王首戴寶冠三
十二相以為嚴飾彼諸菩薩便從定起著上妙衣從於他方无量佛國而來此會一心瞻仰金剛
尒時金剛藏菩薩摩訶薩周顧四方見諸大衆便生覺念將欲說法熙怡微笑發和雅
音而說偈言

汝等諸佛子 咸應一心聽 定境難可思 非分別所了 定及於定者 定緣亦復然 離諸欲不善

如撥開起屍　但有三和合　亦无能作者　外道循定人　起於空性見　此之迷法相　壞於一切法
若有能脩行　如來微妙定　善知蘊无我　諸見悉除滅　一切唯有識　諸法相皆无　无能相所相
无界亦无蘊　分析至微塵　此皆无所住　地水等衆物　皆從分別生　不知其性者　取於如是相
惡色與好色　似色餘亦然　譬如虛空中　雲現等衆彩　思惟如骨瑣　遍滿於世間　及遍處想觀
觀於諸大等　身有色无色　定者常諦思　若於緣一心　即緣說清淨　如其所分別　即彼成所緣
非定非定者　妄計以為定　定者在定中　了世皆藏識　法及諸法相　一切皆除遣　攝於勝定者
善說於諸定　破諸脩定人　妄習所知法　若人生小智　取法及於我　自謂成諦言　善巧說諸法
計著諸法相　自壞亦壞他　无能相所相　妄生差別見　甜性能除熱　苦酢鹹以淡　辛物變為冷
鹹能止風痰　身中有淡熱　共生於瘧病　或復但因風　或三合和起　以病各差別　良醫說衆方
石蜜并六分　庚汁諸食等　能除衆生身　種種諸惡病　若法有自性　及以諸相者　藥无除病能
病者不應差　云何世人見　服藥病除愈　定者觀世間　但是賴耶識　變異而流轉　譬如衆幻獸
无能相所相　蘊與於蘊者　實无有分殊　及以有支分　世中无能作　而作於世間　亦非散十方
微塵之所聚　非因衆微細　漸次大如指　二指或復三　諸法轉和合　末那各差別　如是義皆无
非時非勝性　及三法所住　亦非若有因　自然而得有　斯由業習氣　擾濁於內心　依心及眼根
種種妄分別　意與於意識　及以阿賴耶　普現於世間　如幻從衆物　根等衆境界　悉以心為體
非瓶似瓶現　是故說為空　世間所有色　諸天宮殿等　皆是阿賴耶　變異而可見　衆生身所有
從頭至手足　頓生或漸次　无非阿賴耶　因風觸於心　无[illegible]法了　生非是有　亦非非是空

非瓶似瓶現　是故說為空　世間所有色　諸天宮殿等　皆是阿賴耶　處處亦可見　衆生身所有
從頭至于足　頂生或漸次　无非阿賴耶　習氣滿於心　凡愚不能了　此性非是有　亦復非是空
如人以諸物　擊破於瓶等　物體若是空　即无能所破　譬如須彌量　我見未為過　憍慢而著空
此惡過於彼　空性隨應說　不應滯非處　甘露即為毒　一切諸衆生　生於種種見　欲令斷諸見
為說於空理　聞空執為實　不能滅諸見　此見不可除　如病醫所捨　譬如火燒木　木盡火不留
見木若已燒　空火亦隨滅　生於智慧火　諸見得滅時　普燒諸煩惱　一切皆清淨　牟尼以此智
密嚴而解脫　不見以兔角　觸壞於大山　曾无石女兒　執箭射於物　未聞欲鬪戰　而求兔角弓
誰復須宮室　令石女兒造　一切法空性　與法常同體　始於胎藏時　色生便滅壞　離空无有色
離色无有空　如月與光明　始終恒不異　諸法亦如是　空性與之一　展轉无差別　所為皆得成
是身如死屍　本來无自性　恒為互纏縛　境界所牽動　佛說於空理　為欲斷諸見　汝等有智人
宜應一心學　譬如工幻者　以諸呪術力　草木等衆像　隨意之所作　依於眼及愛　作意色與明
如是眼識生　如幻亦如焰　是識无來處　去亦无處所　諸識性如是　不應著有无　譬如石女兒
兔角毛輪等　本來无有體　妄立於名字　師子羅睺類　此皆无有角　何故不分別　唯言兔角无
善巧談論者　豈不能宣說　古先諸智人　但說兔无角　或者妄分別　如蹯及解髓　斯人无預智
不能自證法　但隨他語轉　何用分別為　若離於分別　當生密嚴土　一心正定中　普現十方國
譬如天宮殿　衆星及日月　依止須彌山　風力所持運　七識亦如是　依於阿賴耶　習氣之所持

展轉相依住　譬如百川流　日夜歸大海　川流無有盡　海亦不分別　藏識亦如是　甚深無有涯
諸識之習氣　日夜常歸往　如地有衆寶　及餘種種物　給施諸衆生　隨其所資用　藏識亦如是
與諸分別俱　增長於生死　轉依成正覺　善行清淨行　出過於十地　入如來地中　十方皆圓滿
正住於真際　常恒不壞滅　如地無分別　應化無有窮　如春衆花發　人鳥皆欣玩　執持識亦然
定者多迷取　如是諸佛子　無慧難具實　於義未善知　妄言生決定　非法離閑語　諸法別異住
而別起言說　譬如幻師　善用於呪術　於無花果處　現種種花果　如是佛菩薩　善巧方便智
世間別異住　別異而安立　說種種教門　諸論無終已　決定真實法　密嚴中顯現　六界與十八
十二處丈夫　意還之所牽　衆識諸界處　共起而和合　從於意還轉　前身復後身　佛說此丈夫
隨世因流轉　是一切身者　續生無斷絕
尒時金剛藏菩薩摩訶薩說諸界處丈夫義已摩尼寶清淨宮中已得無畏諸
天菩薩七七皆前頂礼又有無量佛菩薩衆從諸國土來此會者同聲讚曰善哉善
哉衆中復有無量菩薩諸天及諸天女皆從座起合掌而立遞相瞻顧說偈言
一切定中者　惟仁為上首　今為諸菩薩　說微妙丈夫　遠離於外道　著我等之論　如仁所宣示
六界淨丈夫　但是諸界合　隨因以流轉　譬如虛空中　有鳥跡明現　亦如離於木　而火得熾然
空中鳥跡現　離木而有火　我及諸世間　未曾見是事　鳥飛以羽翰　空中無有跡　仁者說丈夫
與鳥跡相似人　云何於諸有　得有輪迴義　而說異丈夫　常流轉生死　受諸苦樂果　所作業無失

與篤跡相似　去何於諸有　得有輪迴義　而說異丈夫　常流轉生死　受諸苦樂果　所作業无失
如農夫作業　未曾不得果　此業成熟已　後果當復生　身者亦復然　往身脩善行　前業後生處
恒受人天樂　或常脩福德　資糧為備圓　解脫及諸度　速成於正覺　生天自在果　觀行見真義
若離趣丈夫　一切悉无有　有丈夫流轉　在於生死中　下從阿鼻獄　上至諸天處　是業造生果
所作不唐捐　若內外世間　平等而生起　此法似於彼　彼從於此生　雖離趣丈夫　得有輪迴者
如言石女子　威儀而進退　兔角有鋒利　沙中能出油
尒時會中諸菩薩天及天女說是語已皆共供養所應供者金剛藏尊并諸菩薩供養
畢已復共同心而說偈言
法眼具光歡　同瑜皆莊嚴　能伏他人論　顯示自宗德　是故大精進　宜應速開演　此會天人等
一心皆願聞
尒時金剛藏菩薩摩訶薩以偈答曰
此法深難思　分別不能及　瑜伽清淨理　同瑜所開敷　密嚴微妙處　於中我宣說
汝等諸天人　咸應一心聽
尒時金剛藏菩薩摩訶薩說是語已復向大樹緊那羅王而說偈言
大樹緊那羅　汝應知法性　諸法去何住　性空无所有　如是見相應　於空无我義　如穀稻熟
餘粒即可知　諸法亦應然　知一即知彼　譬如積酪者　嘗之以指端　如是諸法性　可以觀察
法性非是有　亦復非是空　藏識之所變　藏以空為相

尒時金剛藏菩薩摩訶薩聞是語已倡吞之言

善哉大樹王　汝今作是問　欲令脩行者　其心諦真實　我今為汝說　琴師應善聽　汝昔參宮歎

并諸眷屬俱　鼓樂從空下　而來詣佛所　汝手所鳴琴　瑠璃以為飾　撫奏聲和雅　悅動於衆心

无量諸聲聞　在佛所觀聽　不能持本志　各自起而舞　時天冠大士　告迦葉等言　汝等離欲人

云何而舞戲　是時大迦葉　白彼天冠士　菩薩有大力　譬如旋嵐風　聲聞无定智　如葉隨搖動

雖離威分別　尚染習氣泥　彼捨諸習氣　心淨當成佛　汝於微細境　其心已通達　種種妙論中

明了而決定　善於諸地相　及佛清淨法　汝在宮殿中　眷屬所圍遶　清淨而嚴好　譬如盛滿月

能於脩觀行　自在之衆中　問我界丈夫　云何從心起　汝及諸佛子　咸應心聽　如其諸界內

心名為丈夫　諸界因此生　是義我當說　津潤生於水　炎盛生於火　動搖諸根等　因斯起風界

從於色分齊　有地及虛空　境界與諸習　識生而會衆　眼及於色等　相狀各不同　此為生廣門

諸有恒相續

尒時摩尼寶藏自在宮中侍進菩薩與无量菩薩俱從座而起稽首作礼持諸

妙供而以供養金剛藏尊復張寶網彌覆其上同聲讚曰善哉善哉而說

頌曰

尊者住法雲　善於佛地　能為諸菩薩　開示如來境

尒時大樹緊那羅王并諸婇女復持種種妙好俱具以為供養　供養畢已

偈讚之曰

尒時大樹緊那羅王并諸婇女復持種種妙好俱具以為供養 供養畢已
偈讚之曰
善哉金剛藏 得无所畏者 為我等開演 如來微妙法 今此摩尼殿 清淨最吉祥
尒時聖者觀自在菩薩慈氏菩薩得大勢菩薩文殊師利菩薩寶髻
菩薩天冠菩薩惣持王菩薩一切義成菩薩如是等菩薩摩訶薩及餘无
量脩觀行者是是佛子有大威德善能開示觀行之心悉從座起手相觀察向
金剛藏菩薩摩訶薩而說偈言
惟願金剛尊 顯示於法眼 尊者善地相 一切咸綜知 如來常念持 佛子所宗敬
今此大力衆 同心而勸請 瑜伽自在者 願示於密嚴 普令諸世閒 得所未曾有
此法最清淨 遠離於言說 化佛諸菩薩 經中未開演 諸聖現法樂 見真无漏界
自覺智所行 清淨最无比 具足衆三昧 及以陁羅尼 諸自在解脫 意生身十種
嚴淨佛國土 不可思議數 佛及諸菩薩 身量如微塵 乃至如毛端 百分中之一
密嚴佛國土 諸土中最勝 如是觀行者 來生於是閒 此皆何所因 佛子願宣說
尒時金剛藏菩薩摩訶薩三十二相八十種好莊嚴其身為欲宣示无分別離
分別先佛法眼如師子王普觀衆會知其智力堪能聽受即以梵聲迦陵伽聲
廣長舌相清美之聲決定衆所悅可无有麤調柔蘭暢鏈羅摩聲烏梔
多聲悉利多聲離沙婆聲般遮摩聲毗嵐須儋度路等聲皆悉具足

乃至眉膝猶如變化自然而出如是之音為諸大衆演說法眼譬如鵝翼從在
河上素潔嚴好金剛藏大精進者住於自在清淨之宮諸佛子衆所共圍
遶嚴潔亦尒如空中朗月光影衆星金剛藏菩薩亦復如是處師子座瞻
敬一切諸脩行者如月与光无有差別佛與金剛藏菩薩亦復如是等无
有異尒時如實見菩薩摩訶薩住脩行地衆中首從而起合掌恭敬
觀諸菩薩說是偈言
嗚呼大乘法　微妙不思議　如來之境界　佛子應頂礼　无思離垢法　希有甚難遇
一切國土中　諸佛所觀察　大乘真實義　清淨无等倫　遠離諸分別　轉依之妙道
八種識境界　諸自性不同　五法及无我　差別而開示　五種習所纏　生諸惡分別
見此妙微法　清淨如真金　得於清淨者　即住佛種性　如來性微妙　非外道聲聞
一切國土中　密嚴為最上　種姓成就已　而來生此國　尊者金剛藏　已得何三昧
所說清淨法　是何三昧境
尒時會中有无量菩薩衆稽首作礼而說偈言
大智金剛藏　願為我開演　住何三昧中　而能說是法　此諸佛子等　一切皆願聞
尒時金剛藏菩薩大无畏者普觀衆會智慧之方為住聽受不思議法為
不住耶諦觀察已知諸佛子堪受斯法即說偈言
汝等諸佛子　咸應一心聽　我今為汝說　轉依之妙道　我所得三昧　名大乘威德

[illegible]
汝等諸佛子　咸應一心聽　我今為汝說　轉依之妙道　我所得三昧　名大乘威德
菩薩住是中　能宿清淨法　亦見拘胝剎　所有諸如來　塵數那由他　在前而讚歎
善哉汝所說　此是瑜伽道　我等諸如來　皆行此三昧　於斯得自在　清淨成正覺
未曾有一佛　非此三昧生　是故此三昧　思惟不能及　若有諸菩薩　住是三昧中
即住不思議　諸佛之境界　證於自智境　及見於諸佛　處花百千億　乃至如微塵
內證之妙理　諸佛所安住　此法无諸相　遠離於聲色　名從於相生　相從因緣起
此一生分別　諸法性如如　於斯善觀察　是名為正智　名為遍計　相是依他起
名相二俱遣　是為第一義　藏識住於身　隨處而流轉　習氣如山積　染意之所
末那有二門　意識同時起　五境現前轉　諸識身和合　猶如有我人　住在於身內
藏識暴流水　境界風所飄　種種識浪生　相續恒无斷　佛及諸佛子　能知法无我
已得成如來　復為人宣說　分拆於諸蘊　見人无我性　不知无有法　是說為聲聞
菩薩善能觀　人法二无我　觀已即便捨　不住於真際　若住於真際　便捨大悲心
功業悉不成　不得成正覺　希有難智思　普利諸群生　如蓮出淤泥　色相甚嚴潔
諸天聖人等　見之生愛敬　如是佛菩薩　出於生死泥　成佛體清淨　諸天所欽仰
從初菩薩位　或作轉輪王　天主阿脩羅　乾闥婆王等　了悟大乘者　獲於如是身
漸次而脩行　決定得成佛　是故諸佛子　宜應一心學　世間諸衆生　染淨等諸法

[illegible]
如來清淨藏　亦名無垢智　常住無始終　離四句言說　佛說如來藏　以為阿賴耶
惡慧不能知　藏即賴耶識　如來清淨藏　世間阿賴耶　如金與指環　展轉無差別
譬如巧金師　以淨好真金　造作指環具　欲以莊嚴指　其相異衆物　說名為指環
現樂諸聖人　證於自智境　功德轉增勝　自共無能說　現法諸定者　了境唯是識
得第七地已　轉滅不復生　心識之所行　一切諸境界　所見雖差別　但識無有境
瓶衣等衆物　境界悉皆無　心變似境生　謂能取所取　譬如星月等　依須彌運行
諸識亦復然　恒依賴耶轉　當知賴耶識　即名為密嚴　譬如好真金　光色常充滿
自證清淨境　非分別境界　性與分別離　不得可分別　體實而是常　定者能觀見
意識所行境　但縛於凡夫　聖見悉清淨　譬如陽焰等
尒時世尊說是經已金剛藏等無量菩薩摩訶薩及從他方來此會
者無央數衆聞佛所說皆大歡喜信受[illegible]

大乘密嚴經卷下

BD00152 妙法蓮華經卷五

（後秦）鳩摩羅什 譯

BD00152v 回鶻文勘記

602.6cm × 26.2cm

兒亦不
樂與同師常好坐禪在於閑處脩攝其心文
殊師利是名初親近處復次菩薩摩訶薩
觀一切法空如實相不顛倒不動不退不轉
如虛空无所有性一切語言道斷不生不出
不起無名無相實無所有无量无邊无礙
障但以因緣有從顛倒生故說常樂觀如是
法相是名菩薩摩訶薩第二親近處尒時
世尊欲重宣此義而說偈言
若有菩薩　於後惡世　無怖畏心　欲說是經
應入行處　及親近處　常離國王　及國王子
大臣官長　凶險戲者　及旃陀羅　外道梵志
亦不親近　增上慢人　貪著小乘　三藏學者

破戒比丘　名字羅漢　及比丘尼　好戲笑者
深著五欲　求現滅度　諸優婆夷　皆勿親近
若是人等　以好心來　到菩薩所　為聞佛道
菩薩則以　無所畏心　不懷悕望　而為說法
宜女處女　及諸不男　皆勿親近　以為親厚
亦莫親近　屠兒魁儈　田獵魚捕　為利殺害
販肉自活　衒賣女色　如是之人　皆勿親近
凶險相撲　種種嬉戲　諸婬女等　盡勿親近
莫獨屏處　為女說法　若說法時　無得戲咲
入里乞食　將一比丘　若無比丘　一心念佛
是則名為　行處近處　以此二處　能安樂說
又復不行　上中下法　有為无為　實不實法
亦不分别　是男是女　不得諸法　不知不見
是則名為　菩薩行處　一切諸法　空無所有

亦不分別　是男是女　不得諸法　不知不見
是則名為　菩薩行處　一切諸法　空無所有
無有常住　亦無起滅　是名智者　所親近處
顛倒分別　諸法有无　是實非實　是生非生
在於閑處　脩攝其心　安住不動　如須弥山
觀一切法　皆无所有　猶如虛空　無有堅固
不生不出　不動不退　常住一相　是名近處
若有比丘　於我滅後　入是行處　及親近處
說斯經時　無有怯弱　菩薩有時　入於靜室
以正憶念　隨義觀法　從禪定起　為諸國王
王子臣民　婆羅門等　開化演暢　說斯經典
其心安隱　無有怯弱　文殊師利　是名菩薩
安住初法　能於後世　說法華經
又文殊師利如來滅後於末法中欲說是

經若口宣說若讀經時不
樂說人及經典過亦不輕慢諸餘法師不說
他人說人及經典過亦不輕慢諸餘法師不說
他人好惡長短於聲聞人亦不稱名說其過
惡亦不稱名讚歎其美又亦不生怨嫌之心善
修如是安樂心故諸有聽者不逆其意有所
難問不以小乘法荅但以大乘而為解說令得
一切種智尒時世尊欲重宣此義而說偈言
菩薩常樂　安隱說法　於清淨地　而施床座
以油塗身　澡浴塵穢　著新淨衣　內外俱淨
安處法座　隨問為說　若有比丘　及比丘尼
諸優婆塞　及優婆夷　國王王子　羣臣士民
以微妙義　和顏為說　若有難問　隨義而荅
因緣譬喻　敷演分別　以是方便　皆使發心

以微妙義 和顏爲說 若有難問 隨義而答
因緣譬喻 敷演分別 以是方便 皆使發心
漸漸增益 入於佛道 除嬾惰意 及懈怠想
離諸憂惱 慈心說法 晝夜常說 无上道教
以諸因緣 无量譬喻 開示衆生 咸令歡喜
衣服臥具 飲食醫藥 而於其中 無所悕望
但一心念 說法因緣 願成佛道 令衆亦爾
是則大利 安樂供養 我滅度後 若有比丘
能演說斯 妙法華經 心無嫉恚 諸惱障礙
亦無憂愁 及罵詈者 又無怖畏 加刀杖等
亦無擯出 安住忍故 智者如是 善修其心
能住安樂 如我上說 其人功德 千萬億劫
算數譬喻 說不能盡
又文殊師利菩薩摩訶薩於後末世法欲

受持讀誦斯經典者無懷嫉妬諂誑
之心亦勿輕罵學佛道者求其長短若比丘比
丘尼優婆塞優婆夷求聲聞者求辟支佛者
求菩薩道者無得惱之令其疑悔語其人言
汝等去道甚遠終不能得一切種智所以者何
汝是放逸之人於道懈怠故又亦不應戲論
諸法有所諍競當於一切衆生起大悲想於
諸如來起慈父想於諸菩薩起大師想於十
方諸大菩薩常應深心恭敬禮拜於一切衆
生平等說法以順法故不多不少乃至深愛
法者亦不為多說文殊師利是菩薩摩訶
薩於後末世法欲滅時有成就是第三安樂
行者說是法時無能惱亂得好同學共讀誦
是經亦得大衆而來聽受聽已能持持已能

行者說法時无能惱亂得好同學共讀誦
是經亦得大眾而來聽受聽已能持持已能
誦誦已能說說已能書若使人書供養經卷
恭敬尊重讚歎尒時世尊欲重宣此義而
說偈言
若欲說是經　當捨嫉恚慢　諂誑邪偽心　常修質直行
不輕蔑於人　亦不戲論法　不令他疑悔　云汝不得佛
是佛子說法　常柔和能忍　慈悲於一切　不生懈怠心
十方大菩薩　愍眾故行道　應生恭敬心　是則我大師
於諸佛世尊　生无上父想　破於憍慢心　說法无障礙
第三法如是　智者應守護　一心安樂行　无量眾所敬
又文殊師利菩薩摩訶薩於後末世法欲滅
時有持是法華經者於在家出家人中生大慈
心於非菩薩人中生大悲心應作是念如是之

是人則為大失如來方便隨宜說法不聞不
知不覺不問不信不解其人雖不問不信不
解是經我得阿耨多羅三藐三菩提時隨
在何地以神通力智惠力引之令得住是法
中文殊師利是菩薩摩訶薩於如來滅後有
成就此第四法者說是法時無有過失常為
比丘比丘尼優婆塞優婆夷國王王子大臣人
民婆羅門居士等供養恭敬尊重讚歎虛
空諸天為聽法故亦常隨侍若在聚落城邑
空閑林中有人來欲難問者諸天晝夜常為
法故而衛護之能令聽者皆得歡喜所以者何
此經是一切過去未來現在諸佛神力所護
故文殊師利是法華經於無量國中乃至名
字不可得聞何況得見受持讀誦文殊師利

BD00152　妙法蓮華經卷五

字不可得聞何况得見受持讀誦文殊師利
譬如强力轉輪聖王欲以威勢降伏諸國而
諸小王不順其命時轉輪王起種種兵而往
討伐王見兵衆戰有功者即大歡喜隨功賞
賜或與田宅聚落城邑或與衣服嚴身之具
或與種種珍寶金銀琉璃車𤦲馬瑙珊瑚
虎珀象馬車乘奴婢人民唯髻中明珠不以與
之所以者何獨王頂上有此一珠若以與之王
諸眷屬必大驚怪文殊師利如來亦復如
是以禪定智慧力得法國土王於三界而諸
魔王不肯順伏如來賢聖諸將與之共戰其
有功者心亦歡喜於四衆中為説諸經令其
心悦賜以禪定解脱無漏根力諸法之財又

歡喜而不爲說是法華經文殊師利如轉輪
王見諸兵衆有大功者心甚歡喜以此難信
之珠久在髻中不妄與人而今與之如來亦
復如是於三界中爲大法王以法教化一切衆
生見賢聖軍與五陰魔煩惱魔死魔共戰
有大功勳滅三毒出三界破魔網尒時如
來亦大歡喜此法華經能令衆生至一切智
一切世間多怨難信先所未說而今說之文殊
師利此法華經是諸如來第一之說於諸說
中最爲甚深末後賜與如彼強力之王久護
明珠今乃與之文殊師利此法華經諸佛如
來秘密之藏於諸經中最在其上長夜守護
不妄宣說始於今日乃與汝等而敷演之尒

秘密之藏於諸經中最在其上長夜守護
不妄宣說始於今日乃與汝等而敷演之尒
時世尊欲重宣此義而說偈言
常行忍辱　哀愍一切　乃能演說　佛所讚經
後末世時　持此經者　於家出家　及非菩薩
應生慈悲　斯等不聞　不信是經　則為大失
我得佛道　以諸方便　為說此法　令住其中
譬如強力　轉輪之王　兵戰有功　賞賜諸物
象馬車乘　嚴身之具　及諸田宅　聚落城邑
或與衣服　種種珎寶　奴婢財物　歡喜賜與
如有勇健　能為難事　王解髻中　明珠賜之
如來亦尒　為諸法王　忍辱大力　智惠寶藏
以大慈悲　如法化世　見一切人　受諸苦惱
欲求解脫　與諸魔戰　為是衆生　說種種法

以大方便 說此諸經 既知眾生 得其力已
末後乃為 說是法華 如王解髻 明珠與之
此經為尊 眾經中上 我常守護 不妄開示
今正是時 為汝等說 我滅度後 求佛道者
欲得安隐 演說斯經 應當親近 如是四法
讀是經者 常無憂惱 又無病痛 顏色鮮白
不生貧窮 卑賤醜陋 眾生樂見 如慕賢聖
天諸童子 以為給使 刀杖不加 毒不能害
若人惡罵 口則閉塞 遊行无畏 如師子王
智恵光明 如日之照 若於夢中 但見妙事
見諸如來 坐師子座 諸比丘眾 圍遶說法
又見龍神 阿脩羅等 數如恒沙 恭敬合掌
自見其身 而為說法 又見諸佛 身相金色
放无量光 照於一切 以梵音聲 演說諸法

放无量光　照於一切　以梵音聲　演說諸法
佛爲四衆　說无上法　見身處中　合掌讚佛
聞法歡喜　而爲供養　得陁羅尼　證不退智
佛知其心　深入佛道　即爲授記　成最正覺
汝善男子　當於來世　得无量智　佛之大道
國土嚴淨　廣大無比　亦有四衆　合掌聽法
又見自身　在山林中　脩習善法　證諸實相
深入禪定　見十方佛
諸佛身金色　百福相莊嚴　聞法爲人說　常有是好夢
又夢作國王　捨宮殿眷屬　及上妙五欲　行詣於道場
在菩提樹下　而處師子座　求道過七日　得諸佛之智
成无上道已　起而轉法輪　爲四衆說法　經千万億劫
說無漏妙法　度无量衆生　後當入涅槃　如烟盡燈滅

妙法蓮華經從地踊出品第十五
尒時他方國土諸來菩薩摩訶薩過八恒河
沙數於大衆中起合掌作礼而白佛言世尊
若聽我等於佛滅後在此娑婆世界勤加精
進護持讀誦書寫供養是經典者當於此
土而廣說之尒時佛告諸菩薩摩訶薩衆止善
男子不須汝等護持此經所以者何我娑婆
世界自有六万恒河沙等菩薩摩訶薩一一
菩薩各有六万恒河沙眷屬是諸人等能於
我滅後護持讀誦廣說此經佛說是時娑婆
世界三千大千國土地皆震裂而於其中有
无量千万億菩薩摩訶薩同時踊出是諸菩
薩身皆金色三十二相无量光明先盡在此

BD00152　妙法蓮華經卷五

无量千万億菩薩摩訶薩同時踊出是諸菩
薩身皆金色三十二相无量光明先盡在此
娑婆世界之下此界虛空中住是諸菩薩聞
釋迦牟尼佛所說音聲從下發來一一菩薩
皆是大衆唱導之首各將六万恒河沙眷屬
況將五万四万三万二万一万恒河沙等眷
屬者況復乃至一恒河沙半恒河沙四分之一
乃至千万億那由他分之一況復千万億
那由他眷屬況復億万眷屬況復千萬百万
乃至一万況復一千一百乃至一十況復將五
四三二一弟子者況復單己樂遠離行如
是等比无量无邊筭數譬喻所不能知是諸
菩薩從地出已各詣虛空七寶妙塔多寶如
來釋迦牟尼佛所到已向二世尊頭面禮足

至諸寶樹下師子座上佛所亦皆作禮右
繞三匝合掌恭敬以諸菩薩種種讚法而以
讚歎住在一面欣樂瞻仰於二世尊是諸菩
薩摩訶薩從初踊出以諸菩薩種種讚法而
讚於佛如是時間經五十小劫是時釋迦牟
尼佛嘿然而坐及諸四衆亦皆嘿然五十小劫
佛神力故令諸大衆謂如半日尒時四衆亦
以佛神力故見諸菩薩遍滿无量百千万億
國土虛空是菩薩衆中有四導師一名上行
二名无邊行三名淨行四名安立行名四菩
薩於其衆中最為上首唱導師在大衆前
各共合掌觀釋迦牟尼佛而問訊言尊
少病少惱安樂行不所應度者受教易不
不令世尊生疲勞耶尒時四大菩薩而說偈言

少病少惱安樂行不所應度者受教易不
不令世尊生疲勞耶尒時四大菩薩而說偈言
世尊安樂　少病少惱　教化衆生　得无疲惓
又諸衆生　受化易不　不令世尊　生疲勞耶
尒時世尊於菩薩大衆中而作是言如是如
是諸善男子如來安樂少病少惱諸衆生
等易可化度无有疲勞所以者何是諸衆生
世世已來常受我化亦於過去諸佛供養尊重
種諸善根此諸衆生始見我身聞我所說即
皆信受入如來慧除先修習學小乘者如是
之人我今亦令得聞是經入於佛慧尒時諸
大菩薩而說偈言
善哉善哉　大雄世尊　諸衆生等　易可化度
能問諸佛　甚深智慧　聞已信行　我等隨喜

尒時世尊讚歎上首諸大菩薩善哉善哉

善男子汝等能於如来發隨喜心尒時弥勒

菩薩及八千恒河沙諸菩薩衆皆作是念我

等從昔已来不見不聞如来

從昔已来不見不聞如是大菩薩摩訶

薩衆弥勒菩薩摩訶薩如八千恒河沙諸

菩薩等心之所念并欲自決所疑合掌向佛

以偈問曰

无量千万億　大衆諸菩薩　昔所未曾見　願兩足尊說

是從何所来　以何因緣集　巨身大神通　智惠叵思議

其志念堅固　有大忍辱力　衆生所樂見　為從何所来

一一諸菩薩　所將諸眷屬　其數无有量　如恒河沙等

或有大菩薩　將六万恒沙　如是諸大衆　一心求佛道

是諸大師等　六万恒河沙　俱来供養佛　及護持此經

或有大菩薩　將六万恒沙　如是諸大衆　一心求佛道
是諸大師等　六万恒河沙　俱來供養佛　及護持此經
將五万恒沙　其數過於是　四万及三万　二万至一万
一千一百等　乃至一恒沙　半及三四分　億万分之一
千万那由他　万億諸弟子　乃至於半億　其數復過上
百万至一万　一千及一百　五十與一十　及至三二一
單已無眷屬　樂於獨處者　俱來至佛所　其數轉過上
如是諸大衆　若人行籌數　過於恒沙劫　猶不能盡知
是諸大威德　精進菩薩衆　誰為其說法　教化而成就
從誰初發心　稱揚何佛法　受持行誰經　修習何佛道
如是諸菩薩　神通大智力　四方地震裂　皆從中踊出
世尊我昔來　未曾見是事　願說其所從　國土之名号
我常遊諸國　未曾見是衆　我於此衆中　乃至識一人
忽然從地出　願說其因緣　今此之大衆　無量百千億

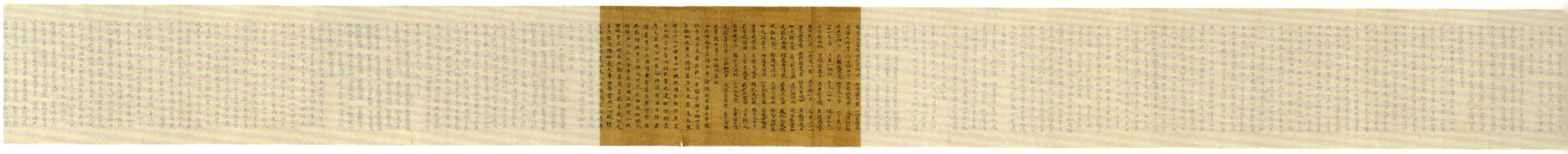

是諸菩薩等　皆欲知此事　是諸菩薩等　本末之因緣
无量德世尊　唯願決衆疑
尒時釋迦牟尼佛分身諸佛從无量千万億
他方國土来者在於八方諸寶樹下師子座
上結加趺坐其佛侍者各見是菩薩大衆
於三千大千世界四方從地踊出住於虚空
各白佛言世尊此諸无量无邊阿僧祇菩
薩大衆從何所来尒時諸佛各告侍者
諸善男子且待須臾有菩薩摩訶薩名
弥勒釋迦牟尼佛之所授記次後作佛已
問斯事今答之汝等自當因是得聞尒時
釋迦牟尼佛告弥勒菩薩善哉善哉阿逸
多乃能問佛如是大事汝等當共一心被精
進鎧發堅固意如來今欲顯發宣示諸佛

多乃能問佛如是大事汝等當共一心被精
進鎧發堅固意如来今欲顯發宣示諸佛
智恵諸佛自在神通力諸佛師子奮迅
之力諸佛威猛大勢之力尒時世尊欲重
宣此義而說偈言
當精進一心　我欲說此事　勿得有疑悔　佛智叵思議
汝今出信力　住於忍善中　昔所未聞法　今皆當得聞
我今安慰汝　勿得懷疑懼　佛无不實語　智恵不可量
所得第一法　甚深叵分別　如是今當說　汝等一心聽
尒時世尊說此偈已告弥勒菩薩我今於
此大衆宣告汝等阿逸多是諸大菩薩摩
訶薩无量无數阿僧祇從地踊出汝等昔所未
見者我於是娑婆世界得阿耨多羅三藐三
菩提已教化示導是諸菩薩調伏其心令發

道意此諸菩薩皆於是娑婆世界之下此界
虛空中住於諸經典讀誦通利思惟分別
正憶念阿逸多是諸善男子等不樂在衆
多有說常樂靜處勤行精進未曾休
息亦不依止人天而住常樂深智無有障礙
亦常樂於諸佛之法一心精進求無上惠尒時
尊欲重宣此義而說偈言
阿逸汝當知　是諸大菩薩　從無數劫來　脩習佛智惠
悉是我所化　令發大道心　此等是我子　依止是世界
常行頭陁事　志樂於靜處　捨大衆憒閙　不樂多所說
如是諸子等　學習我道法　晝夜常精進　爲求佛道故
在娑婆世界　下方空中住　志念力堅固　常勤求智惠
說種種妙法　其心無所畏　我於伽耶城　菩提樹下坐
得成最正覺　轉無上法輪　尒乃教化之　令初發道心

說種種妙法　其心無所畏　我於伽耶城　菩提樹下坐
得成最正覺　轉無上法輪　尒乃教化之　令初發道心
今皆住不退　悉當得成佛　我今說實語　汝等一心信
我從久遠來　教化是等眾
尒時弥勒菩薩摩訶薩及無數諸菩薩等心
生疑惑怪未曾有而作是念云何世尊於
少時間教化如是无量无邊阿僧祇諸大
菩薩令住阿耨多羅三藐三菩提即白佛言世
尊如來為太子時出於釋宮去伽耶城不遠
坐於道場得成阿耨多羅三藐三菩提從是
已來始過四十餘年世尊云何於此少時大
作佛事以佛勢力以佛功德教化如是无量
大菩薩眾當成阿耨多羅三藐三菩提世尊

諸佛所殖諸善根成就菩薩道常脩梵行
世尊如此之事世所難信譬如有人色美
髮黑年十五指百歲人言是我子其百歲
人亦指年少言是我父生育我等是事難
信佛亦如是得道已來其實未久而此大
衆諸菩薩等已於无量千萬億劫為佛道
故勤行精進善入出住无量百千万億三昧得
大神通久脩梵行善能次第習諸善法巧
於答問人中之寶一切世間甚為希有今日
世尊方云得佛道時初令發心教化示導令向
阿耨多羅三藐三菩提世尊得佛未久乃能作
此大功德事我等雖復信佛隨宜所説佛所出

此大功德事我等雖復信佛隨宜所説佛所出
言未曾虚妄佛所知者皆悉通達然諸新發
意菩薩於佛滅後若聞是語或不信受而起
破法罪業因緣唯然世尊願為解説除我等
疑及未來世諸善男子聞此事已亦不生疑
尒時弥勒菩薩欲重宣此義而説偈言
佛昔從釋種　出家近伽耶　坐於菩提樹　尒來尚未久
此諸佛子等　其數不可量　久已行佛道　住神通智力
善學菩薩道　不染世間法　如蓮華在水　從地而踊出
皆起恭敬心　住於世尊前　是事難思議　云何而可信
佛得道甚近　所成就甚多　願為除衆疑　如實分別説
譬如少壯人　年始二十五　示人百歲子　髮白而面皺
是等我所生　子亦説是父　父少而子老　舉世所不信

從无量劫來　而行菩薩道　巧於難問答　其心无所畏
忍辱心決定　端正有威德　十方佛所讚　善能分別說
不樂在人衆　常好在禪定　為求佛道故　於下空中住
我等從佛聞　於此事无疑　願佛為未來　演說令開解
若有於此經　生疑不信者　即當墮惡道　願今為佛說
是无量菩薩　云何於少時　教化令發心　而住不退地

妙法蓮華經如來壽量品第十六

尒時佛告諸菩薩及一切大衆諸善男子汝
等當信解如來誠諦之語復告大衆汝等當
信解如來誠諦之語又復告諸大衆汝等當
信解如來誠諦之語是時菩薩大衆弥勒為

BD00152v　回鶻文勘記

BD00152v　回鶻文勘記

BD00152v　回鶻文勘記

BD00153

金剛般若波羅蜜經

（後秦）鳩摩羅什 譯

355.8cm × 26.2cm

於於[illegible]
言世尊如来无所[illegible]於
大千世界所有微塵是為多不須菩提言甚
多世尊須菩提諸微塵如来說非微塵是名
微塵如来說世界非世界是名世界須菩提
於意云何可以三十二相見如来不不也世
尊不可以三十二相得見如来何以故如来
說三十二相即是非相是名三十二相
須菩提若有善男子善女人以恒河沙等身
命布施若復有人於此經中乃至受持四句
偈等為他人說其福甚多
尒時須菩提聞說是經深解義趣涕淚悲泣
而白佛言希有世尊佛說如是甚深經典我
從昔来所得慧眼未曾得聞如是之經世尊
[illegible]

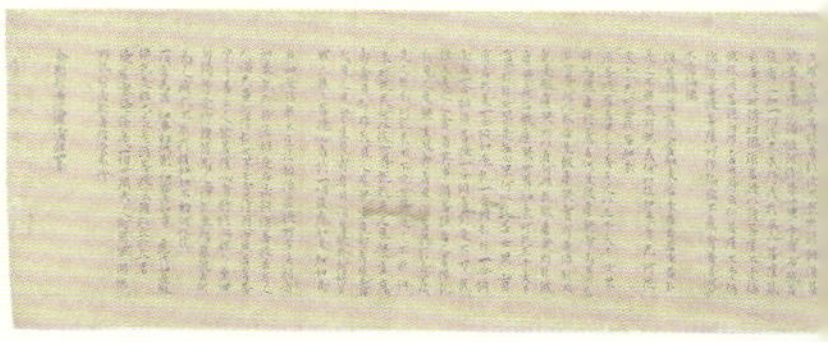

知是人成就第一希有功德世尊是實相者
則是非相是故如來說名實相世尊我今得
聞如是經典信解受持不足為難若當來世
後五百歲其有衆生得聞是經信解受持是
人則為第一希有何以故此人无我相人相衆
生相壽者相所以者何我相即是非相人相
衆生相壽者相即是非相何以故離一切諸
相則名諸佛
佛告須菩提如是如是若復有人得聞此經
不驚不怖不畏當知是人甚為希有何以故
須菩提如來說第一波羅蜜非第一波羅蜜
是名第一波羅蜜
須菩提忍辱波羅蜜如來說非忍辱波羅蜜
何以故須菩提如我昔為歌利王割截身體
我於爾時无我相无人相无衆生相无壽者

何以故須菩提如我昔為歌利王割截身體
我於尒時无我相无人相无衆生相无壽者
相何以故我於往昔節節支解時若有我相
人相衆生相壽者相應生瞋恨須菩提又念
過去於五百世作忍辱仙人於尒所世无我相
无人相无衆生相无壽者相是故須菩提菩
薩應離一切諸相發阿耨多羅三藐三菩提
心不應住色生心不應住聲香味觸法生心應
生无所住心若心有住則為非住是故佛說
菩薩心不應住色布施須菩提菩薩為利益
一切衆生應如是布施如來說一切諸相即
是非相又說一切衆生則非衆生
須菩提如來是真語者實語者如語者不誑
語者不異語者須菩提如來所得法此法无

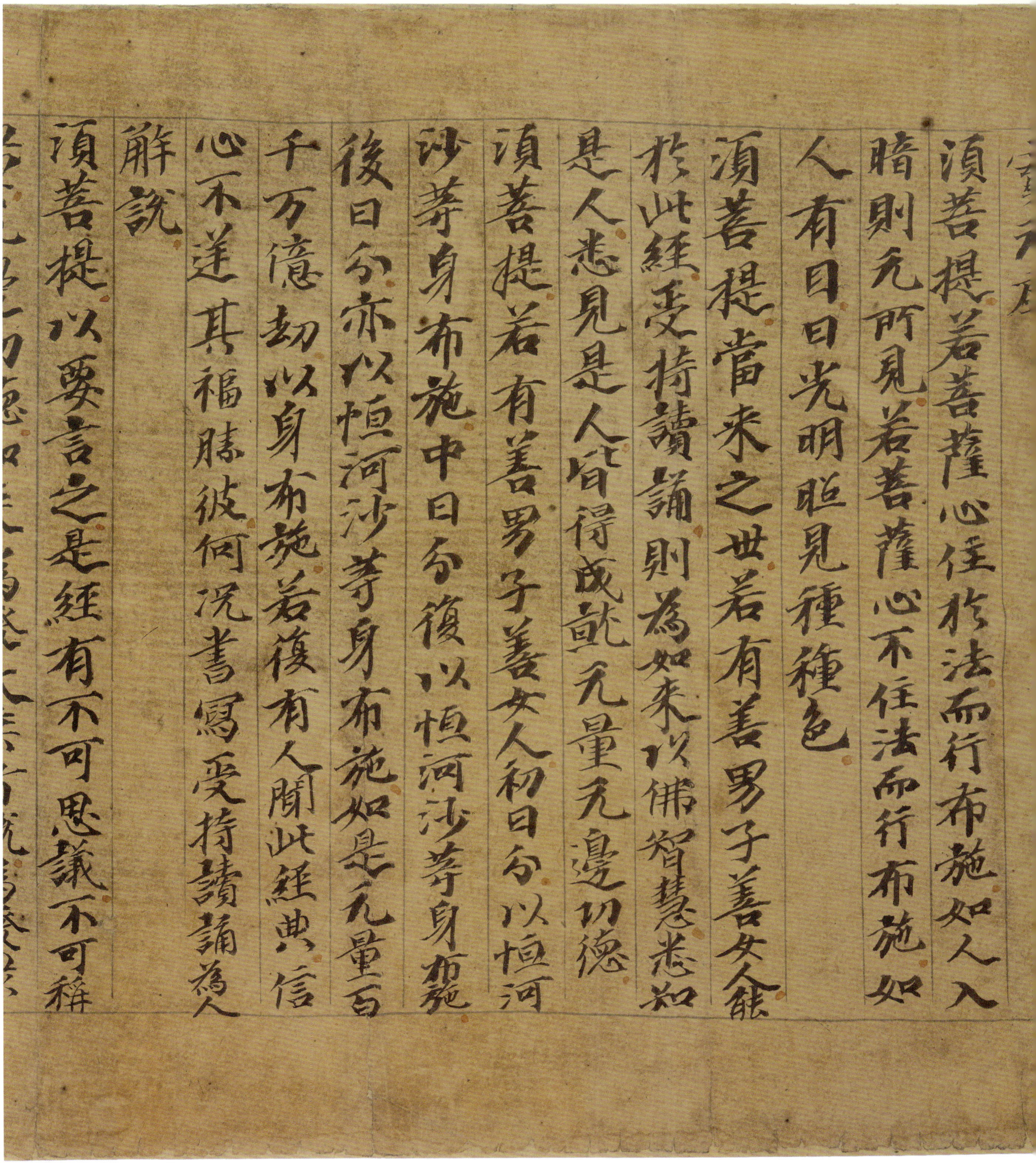
須菩提若菩薩心住於法而行布施如人入
闇則无所見若菩薩心不住法而行布施如
人有目日光明照見種種色
須菩提當来之世若有善男子善女人能
於此經受持讀誦則爲如来以佛智慧悉知
是人悉見是人皆得成就无量无邊功德
須菩提若有善男子善女人初日分以恒河
沙等身布施中日分復以恒河沙等身布施
後日分亦以恒河沙等身布施如是无量百
千万億劫以身布施若復有人聞此經典信
心不逆其福勝彼何况書寫受持讀誦爲人
解説
須菩提以要言之是經有不可思議不可稱

解說
須菩提以要言之是經有不可思議不可稱
量无邊功德如來為發大乘者說為發最
上乘者說若有人能受持讀誦廣為人說如來
悉知是人悉見是人皆得成就不可量不可
稱无有邊不可思議功德如是人等則為荷
擔如來阿耨多羅三藐三菩提何以故須菩
提若樂小法者著我見人見衆生見壽者
見則於此經不能聽受讀誦為人解說須菩提
在在處處若有此經一切世間天人阿脩羅
所應供養當知此處則為是塔皆應恭敬作
礼圍遶以諸華香而散其處
復次須菩提善男子善女人受持讀誦此經
若為人輕賤是人先世罪業應墮惡道以
今世人輕賤故先世罪業則為消滅當得阿耨

耨多羅三藐三菩提須菩提我念過去无量
阿僧祇劫於然燈佛前得值八百四千万億那
由他諸佛悉皆供養承事无空過者若復有
人於後末世能受持讀誦此經所得功德於
我所供養諸佛功德百分不及一千万億分
乃至筭數譬喻所不能及須菩提若善男子
善女人於後末世有受持讀誦此經所得功
德我若具說者或有人聞心則狂亂狐疑不
信須菩提當知是經義不可思議果報亦不
可思議
尒時須菩提白佛言世尊善男子善女人發
阿耨多羅三藐三菩提心云何應住云何降
伏其心佛告須菩提善男子善女人發阿耨
多羅三藐三菩提者當生如是心我應滅度
一切衆生滅度一切衆生已而无有一衆生

多羅三藐三菩提者當生如是心我應滅度
一切衆生滅度一切衆生已而无有一衆生
實滅度者何以故若菩薩有我相人相衆生
壽者相則非菩薩所以者何須菩提實无有
法發阿耨多羅三藐三菩提者
須菩提於意云何如來於然燈佛所有法得
阿耨多羅三藐三菩提不不也世尊如我解
佛所說義佛於然燈佛所无有法得阿耨多
羅三藐三菩提佛言如是如是須菩提實无
有法如來得阿耨多羅三藐三菩提須菩提
若有法如來得阿耨多羅三藐三菩提者然
燈佛則不與我受記汝於來世當得作佛号
釋迦牟尼以實无有法得阿耨多羅三藐三
菩提是故然燈佛與我受記作如是言汝於来
世當得作佛号釋迦牟尼何以故如來者即諸法如

菩提須菩提實无有法佛得阿耨多羅三藐
三菩提須菩提如来所得阿耨多羅三藐三
菩提於是中无實无虛是故如来說一切法
皆是佛法須菩提所言一切法者即非一切
法是故名一切法
須菩提譬如人身長大須菩提言世尊如
来說人長大則為非大身是名大身
須菩提菩薩亦如是若作是言我當滅度无
量衆生則不名菩薩何以故須菩提實无
有法名為菩薩是佛說一切法无我无人无
衆生无壽者須菩提若菩薩作是言我當
莊嚴佛土是不名菩薩何以故如来說莊嚴佛
土者即非莊嚴是名莊嚴須菩提若菩薩通

土者即非莊嚴是名莊嚴須菩提若菩薩通
達无我法者如來說名真是菩薩
須菩提於意云何如來有肉眼不如是世尊
如來有肉眼須菩提於意云何如來有天眼
不如是世尊如來有天眼須菩提於意云何
如來有慧眼不如是世尊如來有慧眼須
菩提於意云何如來有法眼不如是世尊如
來有法眼須菩提於意云何如來有佛眼
不如是世尊如來有佛眼須菩提於意云何
如恒河中所有沙佛說是沙不如是世尊如來說
是沙須菩提於意云何如一恒河中所有沙有
如是等恒河是諸恒河所有沙數佛世界如
是寧為多不甚多世尊佛告須菩提尒所國
土中所有衆生若干種心如來悉知何以故

菩提過去心不可得現在心不可得未來心
不可得須菩提於意云何若有人滿三千大
千世界七寶以用布施是人以是因緣得福
多不如是世尊此人以是因緣得福甚多須
菩提若福德有實如來不說得福德多以
福德无故如來說得福德多
須菩提於意云何佛可以具足色身見不不
也世尊如來不應以具足色身見何以故如
來說具足色身即非具足色身是名具足色
身須菩提於意云何如來可以具足諸相見
不不也世尊如來不應以具足諸相見何以
故如來說諸相具足即非具足是名諸相具
足須菩提汝勿謂如來作是念我當有所說
法莫作是念何以故若人言如來有所說法

法莫作是念何以故若人言如來有所説法
即為謗佛不能解我所説故須菩提説法
者无法可説是名説法
須菩提白佛言世尊佛得阿耨多羅三藐三
菩提為无所得耶如是如是須菩提我於阿
耨多羅三藐三菩提乃至无有少法可得是
名阿耨多羅三藐三菩提復次須菩提是法
平等无有高下是名阿耨多羅三藐三菩提
以无我无人无衆生壽者脩一切善法則
得阿耨多羅三藐三菩提須菩提所言善法
者如來説非善法是名善法
須菩提若三千大千世界中所有諸須弥山
王如是等七寶聚有人持用布施若人以此
般若波羅蜜經乃至四句偈等受持讀誦為
他人説於前福德百分不及一百千万億分

乃至算數譬喻所不能及
須菩提於意云何汝等勿謂如來作是念我
當度衆生須菩提莫作是念何以故實无
衆生如來度者若有衆生如來度者如來
則有我人衆生壽者須菩提如來說有我
者則非有我而凡夫之人以為有我須菩提凡
夫者如來說則非凡夫
須菩提於意云何可以卅二相觀如來不須菩
提言如是如是以卅二相觀如來佛言須
菩提若以卅二相觀如來者輪轉聖王則是
如來須菩提白佛言世尊如我解佛所說義
不應以卅二相觀如來尒時世尊而說偈言
若以色見我　以音聲求我　是人行邪道　不能見如來
須菩提汝若作是念如來不以具足相故得
阿耨多羅三藐三菩提須菩提莫作是念如

阿耨多羅三藐三菩提須菩提莫作是念如
來不以具足相故得阿耨多羅三藐三菩提
須菩提汝若作是念發阿耨多羅三藐三菩
提者說諸法斷滅莫作是念何以故發阿耨
多羅三藐三菩提者於法不說斷滅相須菩
提若菩薩以滿恒河沙等世界七寶布施若
復有人知一切法无我得成於忍此菩薩勝
前菩薩所得功德須菩提以諸菩薩不受福
德故須菩提白佛言世尊云何菩薩不受福
德須菩提菩薩所作福德不應貪著是故說
不受福德
須菩提若有人言如來若來若去若坐若卧
是人不解我所說義何以故如來者无所從

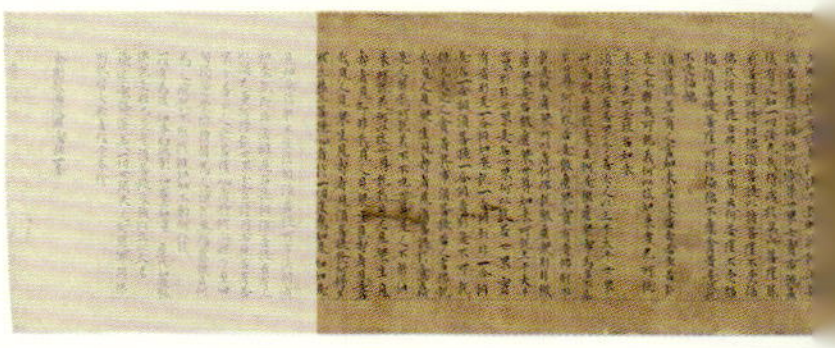

碎為微塵於意云何是微塵衆寧為多不甚
多世尊何以故若是微塵衆實有者佛則不
說是微塵衆所以者何佛說微塵衆則非微
塵衆是名微塵衆世尊如來所說三千大千
世界則非世界是名世界何以故若世界實
有者則是一合相如來說一合相則非一合相
是名一合相須菩提一合相者則是不可說
但凡夫之人貪著其事須菩提若人言佛說
我見人見衆生見壽者見須菩提於意云何
是人解我所說義不不也世尊是人不解如
來所說義何以故世尊說我見人見衆生見
壽者見即非我見人見衆生見壽者見是名
我見人見衆生見壽者見須菩提發阿耨多
羅三藐三菩提心者於一切法應如是知如是

我見人見衆生見壽者見須菩提發阿耨多
羅三藐三菩提心者於一切法應如是知如是
見如是信解不生法相須菩提所言法相者
如來說即非法相是名法相須菩提若有人
以滿无量阿僧秪世界七寶持用布施若有善
男子善女人發菩薩心者持於此經乃至四
句偈等受持讀誦為人演說其福勝彼云何
為人演說不取於相如如不動何以故
一切有為法　如夢幻泡影　如露亦如電　應作如是觀
佛說是經已長老須菩提及諸比丘比丘尼
優婆塞優婆夷一切世間天人阿脩羅聞佛
所說皆大歡喜信受奉行

金剛般若波羅蜜經一卷

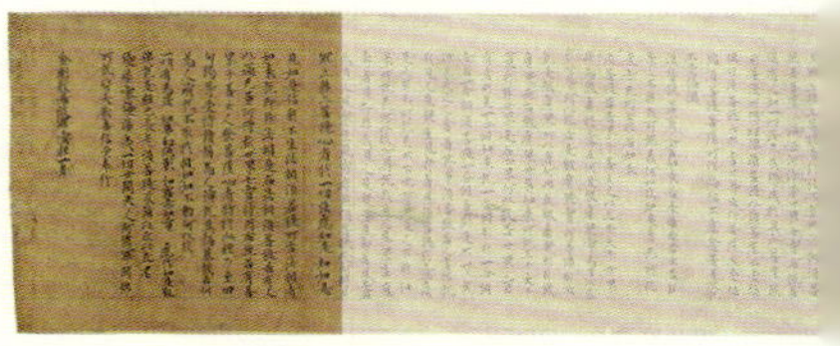

BD00154 大般若波羅蜜多經卷五三八

（唐）玄奘 譯

750cm × 26cm

神之力具壽善現承佛威神知舍利子心之
所念便告具壽舍利子言世尊弟子敢有宣
說顯了開示皆承如來威神之力何以故舍
利子佛先爲他宣說顯了開示法要彼依佛
教精勤修學乃至證得諸法實性後轉爲他
有所宣說顯了開示若與法性能不相違皆是
如來威神加被亦是所證法性等流是故我
當爲諸菩薩摩訶薩衆宣說開示甚深般
波羅蜜多教授教誡令於般若波羅蜜多速
得究竟皆承佛力非自辯才能爲斯事尒時
善現便白佛言世尊令我爲諸菩薩摩訶薩
衆宣說開示甚深般若波羅蜜多教授教誡
諸菩薩摩訶薩令於般若波羅蜜多速得
究竟世尊所言諸菩薩者何法增語謂爲菩

不見有法可名般若波羅蜜多世尊我於菩薩
及菩薩法不見不得亦復不見不得般若波
羅蜜多云何令我爲諸菩薩摩訶薩衆宣說
開示甚深般若波羅蜜多世尊我以何等甚
深般若波羅蜜多教授教誡何等菩薩摩
訶薩衆令於般若波羅蜜多速得究竟世尊
若菩薩摩訶薩聞如是語心不沉沒亦無退屈
不驚不怖如深般若波羅蜜多所說而住修
行般若波羅蜜多令得究竟當知即是教授
教誡諸菩薩摩訶薩令於般若波羅蜜多速
得究竟亦名爲彼宣說開示甚深般若波羅
蜜多復次世尊若菩薩摩訶薩修行般若波
羅蜜多應如是學謂不執著大菩提心所以
者何心非心性本性淨故時舍利子問善現

BD00154　大般若波羅蜜多經卷五三八

羅蜜多應如是學謂不執著大菩提心所以
者何心非心性本性淨故時舍利子問善現
言為有非心心之性不善現反問舍利子言
非心心性若有若無為可得不舍利子言不
也善現善現便謂舍利子言非心心性若有
若無既不可得如何可問為有非心心之性
不時舍利子問善現言何等名為心非心性
善現答言若無變壞亦無分別是則名為心
非心性時舍利子讚善現言善哉善哉誠如
所說佛說仁者住無諍定最為第一實如聖
言若菩薩摩訶薩聞如是語心不沉沒亦無
退屈不驚不怖當知已於所求無上正等菩
提得不退轉若菩薩摩訶薩如是觀察心非
心性當知不離甚深般若波羅蜜多若善男

心聽聞受持讀誦精勤脩學方便善巧令所脩
行速得究竟所以者何於此般若波羅蜜多
甚深經中廣說一切所應學法若菩薩摩訶
薩勤求無上正等菩提欲正脩行諸菩薩行
欲身成就方便善巧及諸佛法皆應於此甚
深般若波羅蜜多至心聽聞受持讀誦令善
通利如說脩行所以者何於此般若波羅蜜
多甚深經中廣說一切諸菩薩摩訶薩所應
學法若菩薩摩訶薩能於此中精勤脩學
必得無上正等菩提一切所求無不滿足
尒時具壽善現復白佛言世尊我觀菩薩
但有假名不知不得不見實事我觀般若波
羅蜜多亦但有假名不知不得不見實事當為
何等菩薩摩訶薩宣說開示何等甚深般若

何等菩薩摩訶薩宣說開示何等甚深般若
波羅蜜多教授教誡何等菩薩摩訶薩令於
何等般若波羅蜜多速得究竟世尊我觀菩
薩及深般若波羅蜜多但有假名不知不得
不見實事而於其中說有菩薩及深般若波
羅蜜多使有疑悔世尊甚深般若波羅蜜多
及菩薩名俱无決定亦无住處所以者何如
是二名俱无所有无所有法无定无住若菩
薩摩訶薩聞說如是甚深般若波羅蜜多心
不沉沒亦无退屈不驚不怖深心信解當知
是菩薩摩訶薩安住般若波羅蜜多常不遠
離以无所住而為方便安住菩薩不退轉地
復次世尊諸菩薩摩訶薩脩行般若波羅蜜

住受想行識便作受想行識行非行般若波
羅蜜多所以者何非作行者能攝般若波羅
蜜多不攝般若波羅蜜多則於般若波羅蜜
多不能脩習若於般若波羅蜜多不能脩習
則於般若波羅蜜多不能圓滿若於般若波
羅蜜多不能圓滿便不能得一切智智若不
能得一切智智便不能攝所攝有情是故不
應攝受諸色受想行識所以者何色於般若
波羅蜜多不可攝受受想行識於般若波羅
蜜多亦不可攝受色不可攝受故則非色受
想行識亦不可攝受故則非受想行識甚深
般若波羅蜜多亦不可攝受故便非般若波
羅蜜多諸菩薩摩訶薩應行如是甚深般
若波羅蜜多若行如是甚深般若波羅蜜多

羅蜜多説菩薩摩訶薩行如是甚深般
若波羅蜜多若行如是甚深般若波羅蜜多
是菩薩於一切法无攝受无廣大无對无量
決定不共一切聲聞獨覺亦不攝受一切智
智所以者何是一切智智非取相脩得諸取
相者皆是煩惱若取相脩得一切智智者則
勝軍梵志於一切智智不應信解是勝軍梵
志雖由信解力歸趣佛法名隨信行而能以
少分智觀一切法性空悟入一切智智既悟
入已不取色相亦不取受想行識相非以喜
樂觀見此智不以內色受想行識觀見此智
不以外色受想行識觀見此智亦不以內外
色受想行識觀見此智亦不離色受想行識
觀見此智勝軍梵志以如是等諸離相門於

一切法皆不取相亦不思惟無相諸法如是
梵志由勝解力於一切法不取不捨无得無
證時彼梵志於自信解乃至涅槃亦不取著
以真法性爲定量故世尊是菩薩摩訶薩甚
深般若波羅蜜多當知於色受想行識亦不
攝受雖於諸法无所攝受若未圓滿如來十
力四无所畏四無礙解及十八佛不共法等
終不中道而般涅槃當知如是諸菩薩摩訶
薩甚深般若波羅蜜多雖无取著而能成辦
諸勝事業復次世尊諸菩薩摩訶薩脩行般
若波羅蜜多時應如是觀察何等是般若波
羅蜜多何故名般若波羅蜜多如是般若波
羅蜜多爲何所作世尊是菩薩摩訶薩脩
行般若波羅蜜多時應如是觀察若法无所有

行般若波羅蜜多時應如是觀察若法無所有
不可得是為般若波羅蜜多無所有中何所
徵詰世尊若菩薩摩訶薩於如是事審觀察
時心不沉沒亦無退屈不驚不怖當知不離
甚深般若波羅蜜多
時舍利子問善現言若色離色自性受想行
識離受想行識自性般若波羅蜜多離般若
波羅蜜多自性一切智智離一切智智自性
何緣故知諸菩薩摩訶薩不離般若波羅蜜
多善現答言如是如是舍利子諸色離色自
性受想行識離受想行識自性般若波羅蜜
多離般若波羅蜜多自性一切智智離一切
智智自性般若波羅蜜多自相亦離自相般

離所相所相亦離能相能相亦離能相所相
亦離所相若菩薩摩訶薩能如實知如是義
者常不遠離甚深般若波羅蜜多時舍利子
問善現言若菩薩摩訶薩於此中學速能成
辦一切智智耶善現答言如是如是舍利子
若菩薩摩訶薩於此中學速能成辦一切智
智何以故舍利子是菩薩摩訶薩知一切法
无生成故舍利子若菩薩摩訶薩能如是行
甚深般若波羅蜜多則為隣近一切智智復
次舍利子諸菩薩摩訶薩若行色為行相若
行色相為行相若行色無相相為行相若行
色生為行相若行色滅為行相若行色壞為
行相若行色空為行相若謂我能行為行相
若謂我是菩薩能有所行為行相若謂我是

若謂我是菩薩能有所行為行相若謂我是
菩薩能有所得為行相若行受相行識為行
相若行受想行識相為行相若行受相行識
无相相為行相若行受想行識生為行相若
行受相行識滅為行相若行受想行識壞為
行相若行受想行識空為行相若謂我能行
為行相若謂我是菩薩能有所行為行相若
謂我是菩薩能有所得為行相若作是念若
能如是行是脩行般若波羅蜜多亦為行相
當知是菩薩无方便善巧雖有所行非行般
若波羅蜜多時舍利子問善現言諸菩薩摩
訶薩當云何行名行般若波羅蜜多善現答
言諸菩薩摩訶薩若不行色不行色相不行

若不行受想行識不行受想行識相不行受
想行識无相相不行受相行識生不行受想
行識滅不行受相行識壞不行受想行識空
是行般若波羅蜜多若菩薩摩薩訶不取行
不取不行不取亦行亦不行不取非行非不
行是行般若波羅蜜多何以故舍利子以一
切法皆不可取不可隨行不可執受離性相
故如是名為諸菩薩摩訶薩於一切法无取
執定廣大无對无量决定不共一切聲聞獨
覺若菩薩摩訶薩安住此定速證无上正等
菩提具壽善現承佛神力復語大德舍利子
言若菩薩摩訶薩安住此定當知已為過去
如來應正等覺現前授記是菩薩摩訶薩雖
住此定而不見此定亦不著此定名亦不念

如來應正等覺現前授記是菩薩摩訶薩耶
住此定而不見此定亦不著此定名亦不念
言我於此定已正當入亦不念言唯我能入
此定非餘彼如是等尋思分別由此定力一
切不起時舍利子問善現言若菩薩摩訶薩
由住此定已為過去諸佛世尊現前授記是
菩薩摩訶薩為能顯示如是定不善現答言
不也舍利子何以故是善男子於如是定无
解无想舍利子言具壽説彼諸善男子於如
是定无解想耶善現報言我定説彼諸善男
子於如是定无解无想所以者何如是諸定
无所有故彼善男子於如是定无解无想如
是諸定於一切法亦无解想所以者何以一切
法无所有故時薄伽梵讚善現言善哉善

菩薩摩訶薩欲學般若波羅蜜多應如是學
所以者何若菩薩摩訶薩能如是學乃至真
學甚深般若波羅蜜多時舍利子便白佛言
若菩薩摩訶薩能如是學於深般若波羅蜜
多名真學耶佛告舍利子若菩薩摩訶薩能
如是學於深般若波羅蜜多名為真學以无
所得為方便故時舍利子復白佛言若菩薩
摩訶薩能如是學以无所得為方便耶佛告
舍利子若菩薩摩訶薩如是學時於一切法
以无所得而為方便時舍利子復白佛言諸
菩薩摩訶薩如是學時於何法學佛告舍利
子諸菩薩摩訶薩如是學時非於法學何以
故舍利子如諸愚夫異生所執非一切法如
是有故時舍利子復白佛言若尒諸法如何

故舍利子如諸愚夫異生所執非一切法如
是有故時舍利子復白佛言若尒諸法如何
而有佛告舍利子如無所有如是而有若於
如是无所有法不能了達説名无明愚夫異
生於一切法无所有性无明貪愛增上勢力
分別執著斷常二邊由此不知不見諸法无
所有性分別諸法由分別故便生執著由執
著故分別諸法无所有性由此於法不見不
知以於諸法不見不知分別過去未來現在
由分別故貪著名色著名色故分別執著无
所有法於无所有法分別執著故於如實道
不知不見不能出離三界生死不信諦法不
覺實際是故墮在愚夫數中由斯菩薩摩
訶薩衆於法性相都無執著時舍利子復白

亦不求學一切智智然諸菩薩摩訶薩如是
學時雖无所學而名真學一切智智便能隣
近一切智智速能成辦一切智智
尒時善現便白佛言設有人來作如是問諸
幻化者若有脩學一切智智彼能隣近一切
智智及能速成辦一切智智不我得此問當
云何荅佛告善現我還問汝隨汝意荅於意
云何幻化與色爲有異不幻化與受想行識
爲有異不善現荅言幻化不異色色不異幻
化幻化即是色色即是幻化幻化不異受想
行識受想行識不異幻化幻化即是受想行
識受想行識即是幻化佛告善現於意云何
五取蘊中起想等想施設言説假名菩薩摩
訶薩不善現對曰如是世尊佛告善現諸菩

五取蘊中起想等想施設言說假名菩薩摩
訶薩不善現對曰如是世尊佛告善現諸菩
薩摩訶薩求趣无上正等菩提脩學般若波
羅蜜多一切皆如幻化者學何以故幻化即
是五取蘊故所以者何我說五蘊眼等六根
皆如幻化都非實有具壽善現復白佛言若
菩薩摩訶薩新學大乘聞如是說其心將无
驚怖退屈佛告善現若菩薩摩訶薩新學大
乘親近惡友聞如是說心便驚怖則生退屈
若近善友雖聞此說而不驚怖亦无退屈具
壽善現復白佛言何等名為菩薩惡友佛告
善現諸菩薩摩訶薩惡友者謂若教授教誡
菩薩摩訶薩衆令離布施乃至般若波羅蜜
多令離所求一切智智令學取相世俗書典

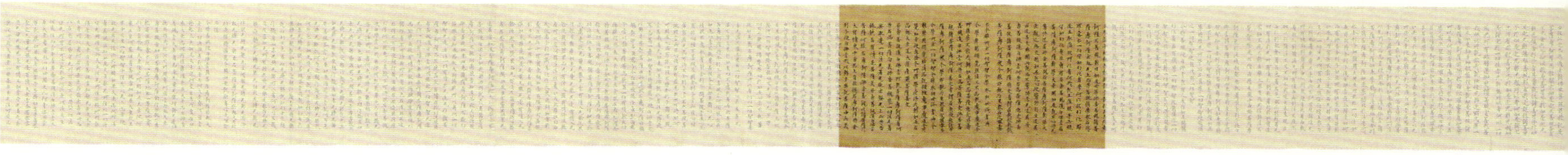

善現復白佛言何等名為菩薩善友佛告善
現諸菩薩摩訶薩善友者謂若教授教誡菩
薩摩訶薩衆令學布施乃至般若波羅蜜多
令學所求一切智智令離取相世俗書典令
離聲聞獨覺經法為說種種魔事魔過令其
覺知方便棄捨令所脩學疾得成辦如是名
為趣大乘道大誓莊嚴菩薩善友
具壽善現復白佛言所說菩薩摩訶薩者何
等名為菩薩句義佛告善現學一切法无著
無礙覺一切法无著无礙求證无上正等菩
提饒益有情是菩薩義具壽善現復白佛言
菩薩何緣名摩訶薩佛告善現以諸菩薩於
大有情衆中當為上首故復名摩訶薩時舍
利子便白佛言我以辯才樂說菩薩由此義

BD00154　大般若波羅蜜多經卷五三八

利子便白佛言我以辯才樂說菩薩由此義
故名摩訶薩唯願聽許佛告舍利子今正是
時隨汝意說舍利子言以諸菩薩方便善巧
為說有情宣說法要令斷我見有情見命者
見補特伽羅見有見無有見斷見常見薩迦
耶見及餘種種有所執見依如是義名摩訶
薩尒時善現便白佛言我以辯才樂說菩薩
由此義故名摩訶薩唯願聽許佛告善現今
正是時隨汝意說善現白言以諸菩薩為欲
證得一切智智發菩提心及无漏心无等等
心不共聲聞獨覺等心於如是心亦不執著
依如是義名摩訶薩所以者何以一切智智是
真无漏不墮三界求一切智智心亦是真无
漏不墮三界於如是心不應執著是故菩薩

性故不應執著時舍利子問善現言是心為
有非心性不善現反問舍利子言此非心性
若有若无為可得不舍利子言不也善現善
現報言此非心性若有若无既不可得如何
可問是心為有非心性不時舍利子讚善現
言善哉善哉如是如是佛說仁者住无諍定
最為第一實如聖言時滿慈子便白佛言我
以辯才樂說菩薩由此義故名摩訶薩唯願
聽許佛告滿慈子今正是時隨汝意說滿慈
子言以諸菩薩普為饒益一切有情被大功
德鎧故發趣大乘故乘大乘故名摩訶薩尒
時善現便白佛言如世尊說諸菩薩摩訶薩
被大功德鎧齊何當言諸菩薩摩訶薩被大
功德鎧佛告善現諸菩薩摩訶薩作如是念

BD00154　大般若波羅蜜多經卷五三八

功德鎧佛告善現諸菩薩摩訶薩作如是念
我應度脫无量无數无邊有情入无餘依般
涅槃界雖度如是无量无數无邊有情入无
餘依般涅槃界而无有法及諸有情得涅槃
者所以者何諸法法性應如是故譬如幻師
或彼弟子於四衢道化作大衆更相加害於
意云何此中有實更相加害死傷事不善現
對曰不也世尊佛告善現諸菩薩摩訶薩亦
復如是雖度如是无量无數无邊有情入无
餘依般涅槃界而无有法及諸有情得涅槃
者若菩薩摩訶薩聞如是事不驚不怖亦无
退屈當知是菩薩摩訶薩被大功德鎧尒時
善現便白佛言如我解佛所說義者諸菩薩
摩訶薩不被功德鎧當知是爲被大功德鎧

智智无造無作一切有情亦无造无作諸菩
薩摩訶薩為欲饒益彼有情故擐功德鎧具
壽善現復白佛言何因緣故一切智智无造
无作一切有情亦無造無作諸菩薩摩訶薩
為欲饒益彼有情故擐功德鎧佛告善現以
諸作者不可得故所以者何色非造非不造
非作非不作受想行識非造非不造非作非
不作何以故色乃至識不可得故具壽善現
便白佛言如我解佛所說義者色乃至識无
染无淨所以者何色无縛无解受想行識亦
无縛无解色真如无縛无解受想行識真如
亦无縛无解時滿慈子問善現言尊者說色
无縛无解說受想行識亦无縛无解說色真
如无縛无解說受想行識真如亦无縛无解

如无縛无解說受想行識真如亦无縛无解
耶善現答言如是如是滿慈子言說何等色
无縛无解說何等受想行識亦无縛无解說
何等色真如无縛无解說何等受想行識真
如亦无縛无解耶善現答言我說如幻士色
無縛无解說如幻士受想行識言无縛无解
說如幻士色真如无縛无解說如幻士受想
行識真如亦无縛无解所以者何色乃至識
及彼真如无所有故无縛无解遠離故无縛无
解寂靜故无縛无解无相故无縛无解无
作故无縛无解无生滅故无縛无解无染淨
故无縛无解是名菩薩摩訶薩發趣大乘被
功德鎧時滿慈子聞如是說歡喜信受嘿然
而住

發趣大乘如是大乘從何處出至何處住如
是大乘為何所住誰復乘是大乘而出佛告
善現言大乘者即是无量无數增語无邊功
德共所成故汝次所問齊何當言發趣大乘
者善現當知若菩薩摩訶薩勤行布施乃至
般若波羅蜜多從一菩薩地趣一菩薩地齊
此當言發趣大乘汝次所問如是大乘從何
處出至何處住者善現當知如是大乘從三
界中出至一切智智中住然以无二為方便
故无出无住汝次所問如是大乘為何所住
者善現當知如是大乘都无所住以一切法
皆无所住然此大乘住无所住汝後所問誰
復乘是大乘出者善現當知都无乘是大乘
出者所以者何若所乘乘若能乘者由此為

出者所以者何若所乘乘若能乘者由此為
此若處若時皆无所有都不可得以一切法
皆无所有不可得故於中何法乘何法出至
何處住而言乘者具壽善現復白佛言言大
乘大乘者普超一切世間天人阿素洛等最
尊最勝如是大乘與虛空等譬如虛空普能
容受无量无數无邊有情大乘亦尒普能容
受无量无數无邊有情又如虛空无來无去
無住可見大乘亦尒無來無去无住可見又
如虛空前後中際皆不可得大乘亦尒前後
中際皆不可得如是大乘最尊最勝學虛空
等多所容受无動无住三世平等超過三世
故名大乘佛告善現善哉善哉如是如是如
汝所說菩薩大乘具如是等无邊功德時滿

薩摩訶薩宣說般若波羅蜜多
而今何故及說大乘尒時善現即白佛言我從
前來所說種種大乘之義將无違越所說般
若波羅蜜多佛告善現汝從前來所說種
種大乘之義皆順般若波羅蜜多无所違越
所以者何一切善法无不攝入甚深般若波
羅蜜多具壽善現復白佛言諸菩薩摩訶薩
前際不可得後際不可得中際不可得所以
者何色无邊故當知菩薩摩訶薩亦无邊受
想行識无邊故當知菩薩摩訶薩亦无邊復
次世尊即色菩薩摩訶薩无所有不可得即
受想行識菩薩摩訶薩无所有不可得離色
菩薩摩訶薩无所有不可得離受想行識菩
薩摩訶薩无所有不可得如是世尊我於此
等一切法以一切種一切處一切時求菩薩摩
訶薩都无所見竟不可得

BD00154　大般若波羅蜜多經卷五三八

等一切法以一切種一切處一切時求菩薩摩
訶訶薩都无所見竟不可得求深般若波羅
蜜多亦都无所見竟不可得求一切智智亦
都无所見竟不可得云何令我教授教誡諸
菩薩摩訶薩令於般若波羅蜜多速得究竟
謂疾證得一切智智復次世尊諸菩薩摩訶
薩但有假名都无自性如說我等畢竟不生
但有假名都无自性諸法亦尒畢竟不生但
有假名都无自性此中何等是色畢竟不生
若畢竟不生則不名色何等是受想行識畢
竟不生若畢竟不生則不名受想行識世尊
色是菩薩摩訶薩不可得受想行識是菩薩
摩訶薩不可得此不可得亦不可得我於如

[illegible]
處時證何等法復次世尊佛薄伽梵但有假
名一切菩薩但有假名甚深般若波羅蜜多
但有假名如說我等畢竟不生但有假名都
无自性諸法亦尒但有假名都无自性何等
是色既不可取亦不可生何等是受想行識
既不可取亦不可生諸法自性既不可取亦
不可生若法无性亦不可生此无生法亦不
可生我豈能以畢竟不生般若波羅蜜多教
授教誡畢竟不生諸菩薩摩訶薩令得究竟
世尊離不生法无法可得亦无菩薩摩訶薩
能行无上正等菩提世尊若菩薩摩訶薩聞
如是說心不沉沒亦无退屈不驚不怖當知
是菩薩摩訶薩能脩行般若波羅蜜多所以
者何若時菩薩摩訶薩行深般若波羅蜜多
[illegible]

是菩薩摩訶薩能備行般若波羅蜜多所以
者何若時菩薩摩訶薩行深般若波羅蜜多
觀察諸法是時菩薩摩訶薩於一切色都无
所得无受无取无住无著亦不施設為色於
一切受想行識都无所得无受无取无住无
著亦不施設為受想行識是菩薩摩訶薩行
深般若波羅蜜多時不見色亦不見受想行
識所以者何以色性空无生无滅受想行識
性空无生无滅世尊色无生无滅即非色受
想行識无生无滅即非受想行識所以者何
色乃至識與无生无滅无二无二分何以故
以无生无滅法非一非二非多非異是故色
乃至識无生无滅即非色乃至識世尊色无
二即非色受想行識无二即非受想行識世

法
時舍利子謂善現言如我領解仁所說義我
有情等畢竟不生色乃至識畢竟不生諸佛
菩薩畢竟不生若如是者何緣菩薩摩訶薩
為度无量无數有情脩多百千難行苦行備
受无量難忍大苦善現報言舍利子非我於
彼无生法中許有菩薩摩訶薩為度无量无
數有情脩多百千難行苦行備受无量難忍
大苦然諸菩薩摩訶薩雖為有情脩无量種
難行苦行而於其中无苦行想所以者何若
於苦行作苦行想終不能為无量无數无邊
有情作大饒益然諸菩薩摩訶薩衆以无所
得而為方便於諸有情作樂行想於難行行
作易行想想諸有情作如父母兄弟妻子及己

得而爲方便於諸苦行作樂行想於難行行
作易行想想諸有情作如父母兄弟妻子及己
身想爲度彼故發起无上正等覺心乃能
爲彼无量无數无邊有情作大饒益復次舍
利子諸菩薩摩訶薩於一切有情起如父母
兄弟 妻子己身想已作如是念我當度脫一
切有情令離一切生死衆苦起多百千難行
苦行寧捨自身而不捨彼然於有情苦及苦
行不起有情苦苦行想復作是念我當度脫
一切有情令離无邊諸大苦蘊假使爲彼斷
截我身爲百千分終不退屈然於其中不起
難行苦行之想復次舍利子諸菩薩摩訶薩
應作是念如我自性於一切法以一切種一
切處時求不可得內外諸法亦復如是都无

行由此能於無量無數無邊大劫修百

千難行苦行作大饒益

大般若波羅蜜多經卷第五百卅八

BD00155 維摩詰所説經卷下

（後秦）鳩摩羅什 譯

442cm × 26cm

遠離而身心脩善觀无所歸而歸趣善法觀
於无生而以生法荷負一切觀於无漏而不
斷諸漏觀无所行而以行法教化衆生觀於
空无而不捨大悲觀正法位而不隨小乘觀
諸法虛妄无牢无人无主无相本願未滿而
不虛福德禪定智慧脩如此法是名菩薩不
住无為又具福德故不住无為具智慧故不
盡有為大慈悲故不住无為滿本願故不盡
有為集法藥故不住无為隨授藥故不盡有
為知衆生病故不住无為滅衆生病故不盡
有為諸正士菩薩已脩此法不盡有為不住
无為是名盡无盡解脫法門汝等當學尒時
彼諸菩薩聞說是法皆大歡喜以衆妙華若

於佛及此經法并諸菩薩已稽首佛足歎未
曾有言釋迦牟尼佛乃能於此善行方便言
已忽然不現還到彼國

見阿閦佛品第十二

尒時世尊問維摩詰汝欲見如來爲以何等
觀如来乎維摩詰言如自觀身實相觀佛亦
然我觀如来前際不来後際不去今則不住
不觀色不觀色如不觀色性不觀受想行識
不觀識如不觀識性非四大起同於虚空六
入无積眼耳鼻舌身心已過不在三界三垢
已離順三脱門三明與无明等不一相不異
相不自相不他相非无相非取相不此不
彼岸不中流而化衆生觀於寂滅亦不永滅

相不自相不他相非无相非取相不此岸不
彼岸不中流而化衆生觀於寂滅亦不永滅
不此不彼不以此不以彼不可以智知不可
以識識无晦无明无名无相无強无弱非淨
非穢不在方不離方非有為非无為无示无
說不施不慳不戒不犯不忍不恚不進不怠
不定不亂不智不愚不誠不欺不來不去不
出不入一切言語道斷非福田非不福田非
應供養非不應供養非取非捨非有相非无
相不增不減同真際等法性不可稱不可量
過諸稱量非大非小非見非聞非覺非知離衆
結縛等諸智同衆生於諸法无分別一切无失

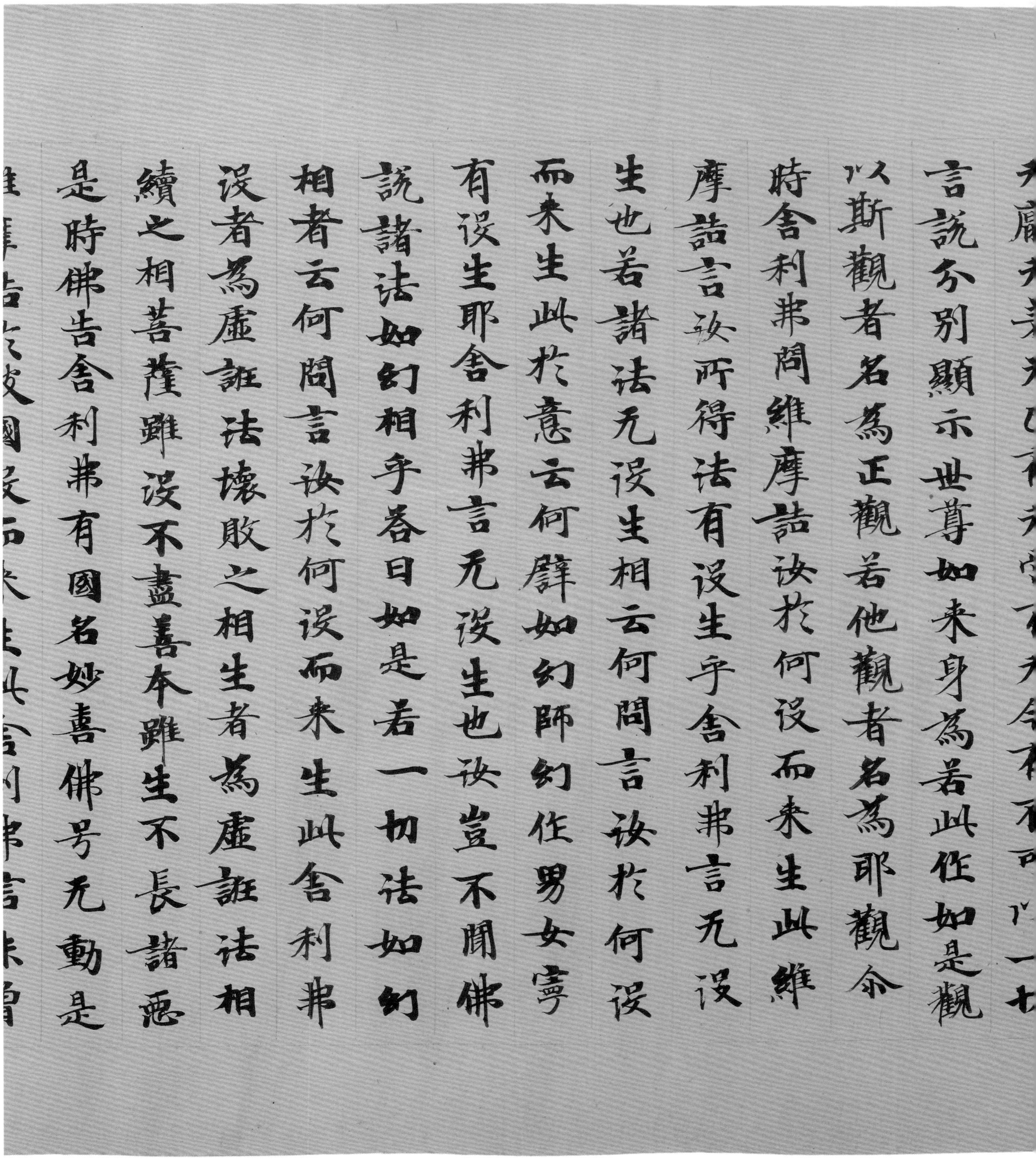
无厭无著无已有无當有无今有不可以一切
言說分別顯示世尊如來身為若此作如是觀
以斯觀者名為正觀若他觀者名為耶觀佘
時舍利弗問維摩詰汝於何没而來生此維
摩詰言汝所得法有没生乎舍利弗言无没
生也若諸法无没生相云何問言汝於何没
而來生此於意云何譬如幻師幻作男女寧
有没生耶舍利弗言无没生也汝豈不聞佛
說諸法如幻相乎答曰如是若一切法如幻
相者云何問言汝於何没而來生此舍利弗
没者為虛誑法壞敗之相生者為虛誑法相
續之相菩薩雖没不盡善本雖生不長諸惡
是時佛告舍利弗有國名妙喜佛号无動是
維摩詰於彼國没而來生此舍利弗言未曾

是時佛告舍利弗有國名妙喜佛号无動是
維摩詰於彼國沒而來生此舍利弗言未曾
有也世尊是人乃能捨清淨土而來樂此多
怒害處維摩詰語舍利弗於意云何日光出
時與冥合乎荅曰不也日光出時則无衆冥
維摩詰言夫日何故行閻浮提荅曰欲以明
照爲之除冥維摩詰言菩薩如是雖生不淨
佛土爲化衆生不與愚闇而共合也但滅衆
生煩惱闇耳
是時大衆渴仰欲見妙喜世界不動如來及
其菩薩聲聞之衆佛知一切衆會所念告維
摩詰言善男子爲此衆會現妙喜國不動如
來及諸菩薩聲聞之衆衆皆欲見於是維摩

溪谷江河大海泉源須弥諸山及日月星宿
天龍鬼神梵天等宮并諸菩薩聲聞之衆城
邑聚落男女大小乃至无動如来及菩提樹
諸妙蓮華能於十方作佛事者三道寶階從
閻浮提至忉利天以此寶階諸天來下悉為
礼敬无動如来聽受經法閻浮提人亦登其
階上昇忉利見彼諸天妙喜世界成就如是
无量功德上至阿迦貳吒天下至水際以右
手断取如陶家輪入此世界猶持華鬘示一
切衆作是念已入於三昧現神通力以其右
手断取妙喜世界置於此土彼得神通菩薩
及聲聞衆并餘天人俱發聲言唯然世尊誰
取我去願見救護无動佛言非我所為是維

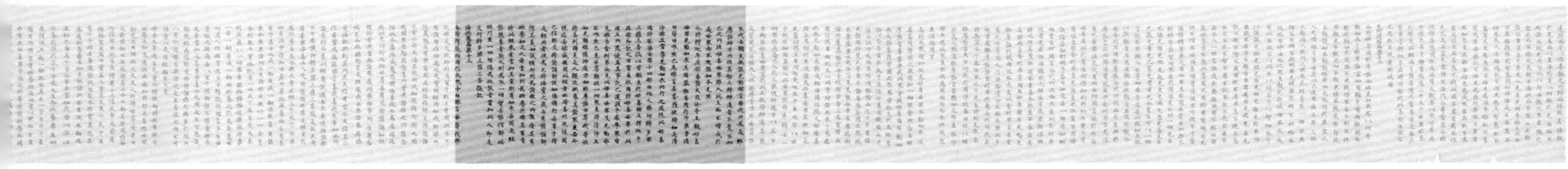

取我去願見救讙无動佛言非我所爲是維
摩詰神力所作其餘未得神通者不覺不知
已之所往妙喜世界雖入此土而不增減於
是世界亦不迫隘如本无異
尒時釋迦牟尼佛告諸大衆汝等且觀妙喜
世界无動如來其國嚴飾菩薩行淨弟子清
白皆曰唯然已見佛言若菩薩欲得如是清
淨佛土當學无動如來所行之道現此妙喜
國時娑婆世界十四那由他人發阿耨多羅
三藐三菩提心皆願生於妙喜佛土釋迦牟
尼佛即記之曰當生彼國時妙喜世界於此
國土所應饒益其事訖已還復本處舉衆皆
見佛告舍利弗汝見此妙喜世界及无動佛

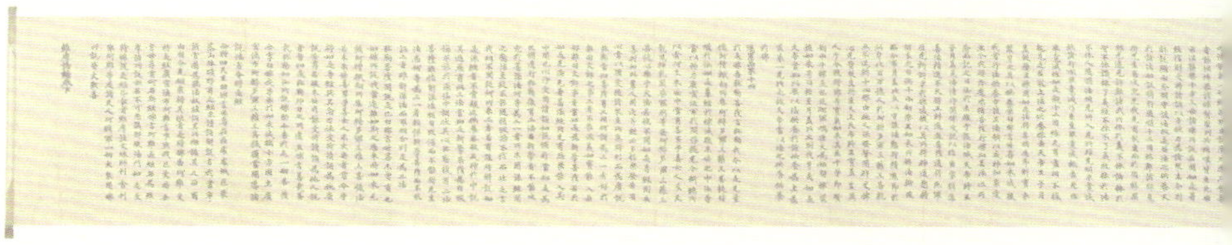

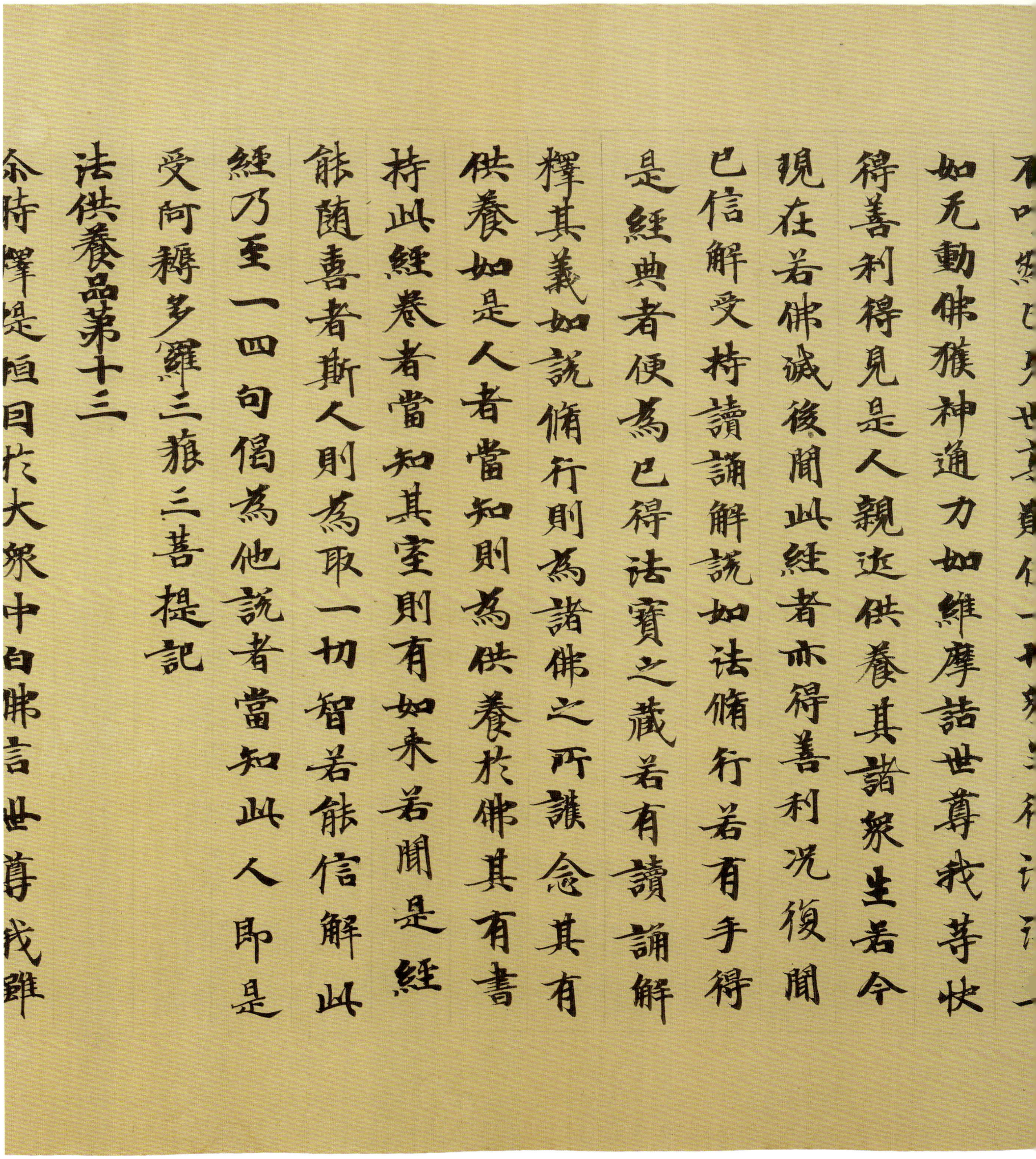

不唯然已見世尊願使一切衆生得清淨土
如无動佛獲神通力如維摩詰世尊我等快
得善利得見是人親近供養其諸衆生若今
現在若佛滅後聞此經者亦得善利况復聞
已信解受持讀誦解說如法脩行若有手得
是經典者便為已得法寶之藏若有讀誦解
釋其義如說脩行則為諸佛之所護念其有
供養如是人者當知則為供養於佛其有書
持此經卷者當知其室則有如來若聞是經
能隨喜者斯人則為取一切智若能信解此
經乃至一四句偈為他說者當知此人即是
受阿耨多羅三藐三菩提記

法供養品第十三

尒時釋提桓因於大衆中白佛言世尊我雖

BD00155　維摩詰所說經卷下

法供養品第十三

尒時釋提桓因於大衆中白佛言世尊我雖
從佛及文殊師利聞百千經未曾聞此不可
思議自在神通決定實相經典如我解佛所
說義趣若有衆生聞是經法信解受持讀誦
之者必得是法不疑何况如說脩行斯人則
爲閉衆惡趣開諸善門常爲諸佛之所護念
降伏外學摧滅魔怨脩治菩提安處道場履
踐如來所行之跡世尊若有受持讀誦如說
脩行者我當與諸眷屬供養給事所在聚落
城邑山林曠野有是經處我亦與諸眷屬聽
受法故共到其所其未信者當令生信其已
者當爲作護佛言善哉善哉天帝如汝所

[illegible]
不可思議阿耨多羅三藐三菩提是故天帝
若善男子善女人受持讀誦供養是經者則
為供養去来今佛天帝正使三千大千世界
如来滿中譬如甘蔗竹葦稻麻叢林若有善
男子善女人或一劫或減一劫恭敬尊重讚
歎供養奉諸所安至諸佛滅後以一一全身
舍利起七寶塔縱廣一四天下高至梵天表
刹莊嚴以一切華香瓔珞幢幡伎樂微妙第
一若一劫若減一劫而供養之於天帝意云
何其人殖福寧為多不釋提桓因言多矣世
尊彼之福德若以百千億劫說不能盡佛告
天帝當知是善男子善女人聞是不可思議
解脫經典信解受持讀誦脩行福多於彼所

BD00155　維摩詰所説經卷下

解脫經典信解受持讀誦脩行福多於彼所
以者何諸佛菩提皆從是生菩提之相不可
限量以是因緣福不可量
佛告天帝過去无量阿僧祇劫時世有佛号
曰藥王如來應供正遍知明行足善逝世間
解无上士調御丈夫天人師佛世尊世界曰
大莊嚴劫曰莊嚴佛壽二十小劫其聲聞僧卅
六億那由他菩薩僧有十二億天帝是時有
轉輪聖王名曰寶蓋七寶具足主四天下王
有千子端正勇健能伏怨敵尒時寶蓋與其
眷屬供養藥王如來施諸所安至滿五劫過
五劫已告其千子汝等亦當如我皆以深心
供養於佛於是千子受父王命供養藥王如

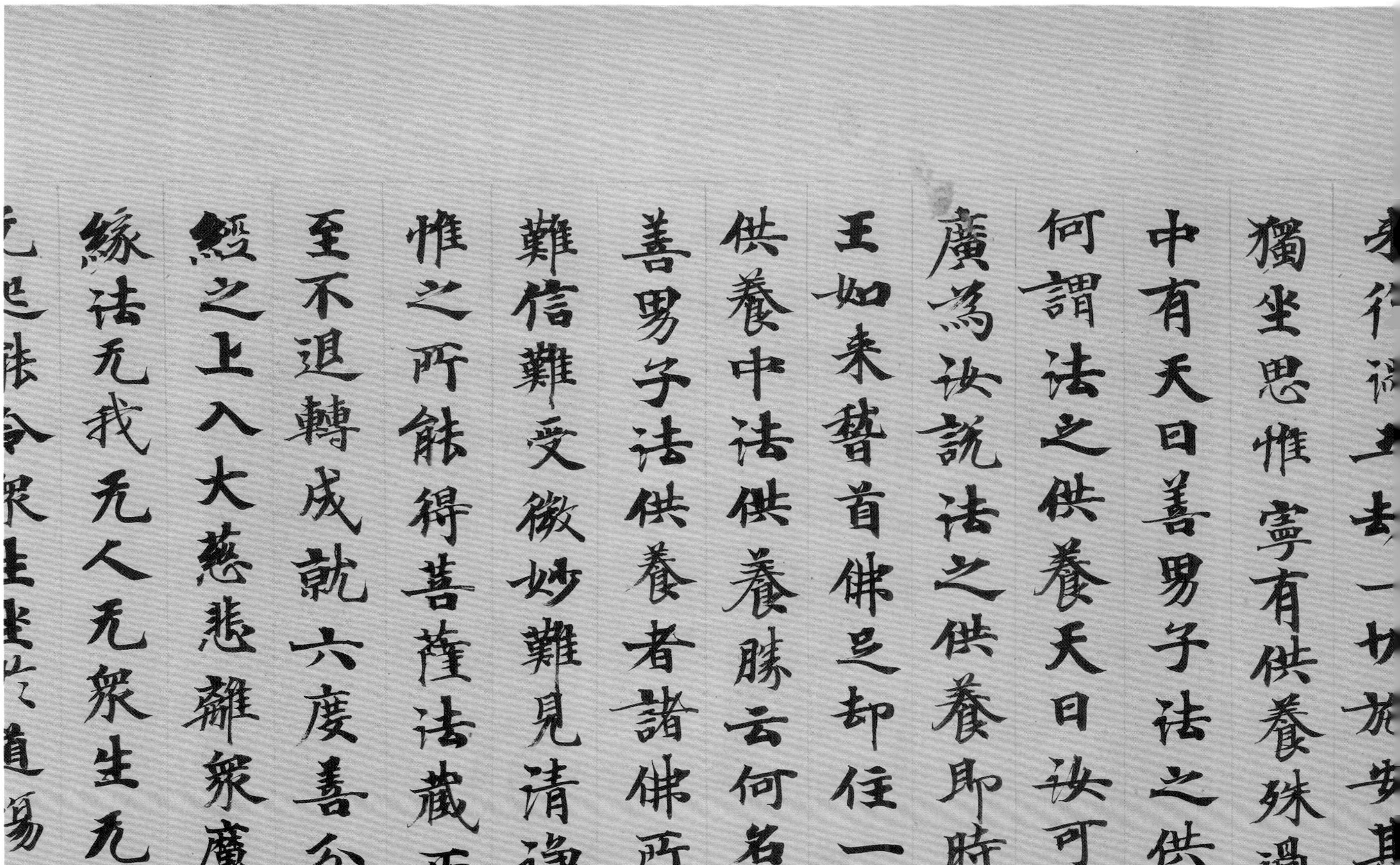

來復滿五劫一切施安其王一子名曰月蓋
獨坐思惟寧有供養殊過此者以佛神力空
中有天曰善男子法之供養勝諸供養即問
何謂法之供養天曰汝可往問藥王如來當
廣為汝說法之供養即時月蓋王子行詣藥
王如來稽首佛足却住一面白佛言世尊諸
供養中法供養勝云何名為法之供養佛言
善男子法供養者諸佛所說深經一切世間
難信難受微妙難見清淨无染非但分別思
惟之所能得菩薩法藏所攝陀羅尼印印之
至不退轉成就六度善分別義順菩提法眾
經之上入大慈悲離眾魔事及諸邪見順因
緣法无我无人无眾生无壽命空无相无作
无起能令眾生坐於道場而轉法輪諸天龍

BD00155　維摩詰所説經卷下

經之上入大慈悲離衆魔事及諸邪見順因
緣法无我无人无衆生无壽命空无相无作
无起能令衆生坐於道場而轉法輪諸天龍
神乾闥婆等所共嘆譽能令衆生入佛法藏
攝諸賢聖一切智慧說衆菩薩所行之道依
於諸法實相之義明宣无常苦空无我寂滅
之法能救一切毀禁衆生諸魔外道及貪著
者能使怖畏諸佛賢聖所共稱嘆背生死苦
示涅槃樂十方三世諸佛所說若聞如是等
經信解受持讀誦以方便力為諸衆生分別
解說顯示分明守護法故是名法之供養又
於諸法如說脩行隨順十二因緣離諸耶見
得无生忍決定无我无有衆生而於因緣果
報无違无諍離諸我所依於義不依語依

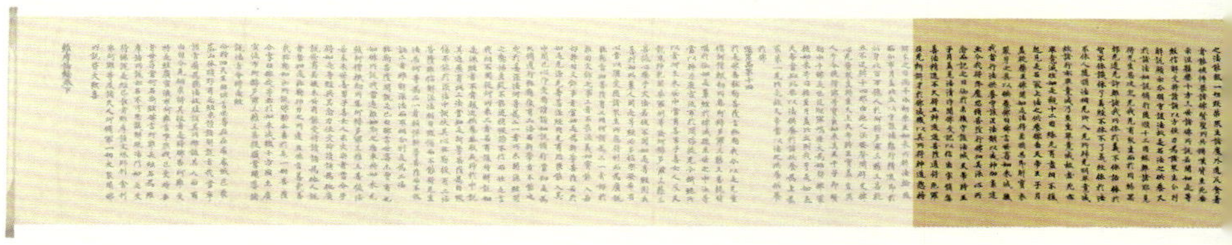

不依人隨順法相无所入无所歸无明畢竟滅
故諸行亦畢竟滅乃至生畢竟滅故老死亦
畢竟滅作如是觀十二因緣无有盡相不復
起見是名冣上法之供養佛告天帝王子月
蓋從藥王佛聞如是法得柔順忍即解寶衣
嚴身之具以供養佛白佛言世尊如來滅後
我當行法供養守護正法願以威神加哀建
立令我得降魔怨脩菩薩行佛知其深心所
念而記之曰汝於末後守護法城天帝時王
子月蓋見法清淨聞佛受記以信出家脩集
善法精進不久得五神通逮菩薩道得陁羅
尼无斷辯才於佛滅後以其所得神通揔持

BD00155　維摩詰所説經卷下

尽无断辯才於佛滅後以其所得神通惣持
辯才之力滿十小劫藥王如來所轉法輪隨
而分布月蓋比丘以守護法懃行精進即於
此身化百万億人於阿耨多羅三藐三菩提
立不退轉十四那由他人深發聲聞辟支佛
心无量衆生得生天上天帝時王寶蓋豈異
人乎今現得佛号寶炎如來其王千子即賢
劫中千佛是也從迦羅鳩孫大為始得佛㝡
後如來号曰樓至月蓋比丘則我身是如是
天帝當知此要以法供養於諸供養為上為
㝡第一无比是故天帝當以法之供養供養
於佛

囑累品第十四

於是佛告弥勒菩薩言弥勒我今以是

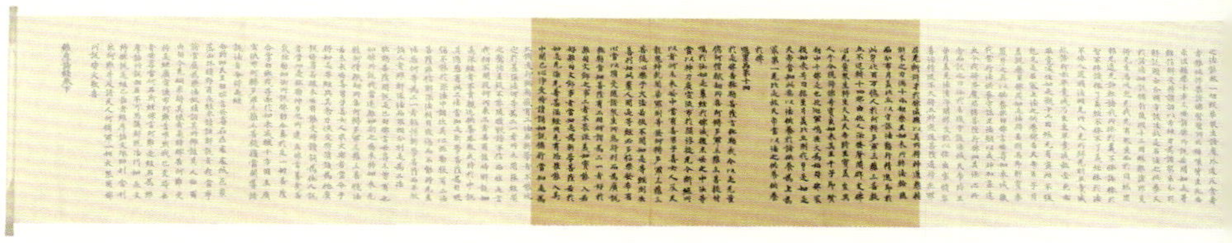

僧祇劫所集阿耨多羅三藐三菩提付
囑於汝如是輩經於佛滅後末世之中汝等
當以神力廣宣流布於閻浮提无令斷絕所
以者何未來世中當有善男子善女人及天
龍鬼神乾闥婆羅剎等發阿耨多羅三藐三
菩提心樂于大法若使不聞如是等經則失
善利如此輩人聞是等經必多信樂發希有
心當以頂受隨諸眾生所應得利而為廣說
彌勒當知菩薩有二相何謂為二一者好於
雜句文飾之事二者不畏深義如實能入若
好雜句文飾事者當知是為新學菩薩若於
如是无染无著甚深經典无有恐畏能入其
中聞已心淨受持讀誦如說脩行當知是為

BD00155　維摩詰所說經卷下

如是无深无著甚深經典无有恐畏能入其
中聞已心淨受持讀誦如說脩行當知是為
久脩道行弥勒復有二法名新學者不能決
定於甚深法何等為二一者所未聞深經聞
之驚怖生疑不能隨順毀謗不信而作是言
我初不聞從何所來二者若有護持解說如
是深經者不肯親近供養恭敬或時於中說
其過惡有此二法當知是新學菩薩為自毀
傷不能於深法中調伏其心弥勒復有二法
菩薩雖信解深法猶自毀傷而不能得无生
法忍何等為二一者輕慢新學菩薩而不教
誨二者雖解深法而取相分別是為二法
弥勒菩薩聞說是已白佛言世尊未曾有也
如佛所說我當遠離如斯之惡奉持如來

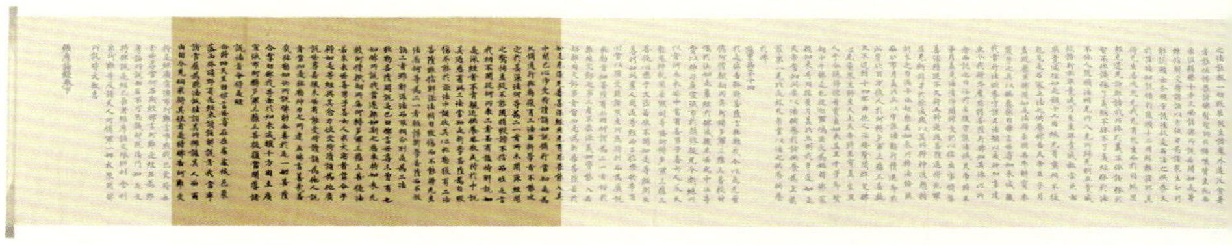

若未來世善男子善女人求大乘者當令手
得如是等經典其念力使受持讀誦為他廣
說世尊若後末世有能受持讀誦為他人說
者當知是弥勒神力之所建立佛言善哉善
哉弥勒如汝所說佛助尒喜於是一切菩薩
合掌白佛我等亦於如來滅後十方國土廣
宣流布阿耨多羅三藐三菩提復當開導諸
說法者令得是經
尒時四天王白佛言世尊在在處處城邑聚
落山林曠野有是經卷讀誦解說者我當率
諸官屬為聽法故往詣其所擁護其人面百
由旬令无伺求得其便者是時佛告阿難受

BD00155　維摩詰所説經卷下

由旬令无伺求得其便者是時佛告阿難受
持是經廣宣流布阿難言唯然我已受持要
者世尊當何名斯經佛言阿難是經名為維
摩詰所說亦名不可思議解脫法門如是受
持佛說是經已長者維摩詰文殊師利舍利
弗阿難等及諸天人阿脩羅一切大衆聞佛
所說皆大歡喜

維摩詰經卷下

BD00156 妙法蓮華經卷一

（後秦）鳩摩羅什 譯

789cm × 26.4cm

羅華曼殊沙華摩訶曼殊沙華而散佛上
大衆普佛世界六種震動尒時會中比
丘比丘尼優婆塞優婆夷天龍夜叉乾闥婆
阿脩羅迦樓羅緊那羅摩睺羅伽人非人等
及諸小王轉輪聖王是諸大衆得未曾有歡
喜合掌一心觀佛尒時佛放眉間白毫相光
照東方万八千世界靡不周遍下至阿鼻地
獄上至阿迦貳吒天於此世界盡見彼土六趣
衆生又見彼土現在諸佛及聞諸佛所說經
法并見彼諸比丘比丘尼優婆塞優婆夷諸
脩行得道者復見諸菩薩摩訶薩種種因緣
種種信解種種相貌行菩薩道復見諸佛般
涅槃者復見諸佛般涅槃後以佛舍利起七

尒時弥勒菩薩作是念今者世尊現神變相
以何因緣而有此瑞今佛世尊入于三昧是
不可思議現希有事當以問誰誰能荅者復
作此念是文殊師利法王之子已曾親近供
養過去無量諸佛必應見此希有之相我今
當問尒時比丘比丘尼優婆塞優婆夷及諸
天龍鬼神等咸作是念是佛光明神通之相
今當問誰尒時弥勒菩薩欲自决疑又觀四
衆比丘比丘尼優婆塞優婆夷及諸天龍鬼
神等衆會之心而問文殊師利言以何因緣
而有此瑞神通之相放大光明照于東方万
八千土悉見彼佛國界莊嚴於是弥勒菩薩
欲重宣此義以偈問曰
文殊師利　道師何故　眉間白毫　大光普照
雨曼陁羅　曼殊沙華　栴檀香風　悅可衆心

欲重宣此義以偈問曰
文殊師利 道師何故 眉間白豪 大光普照
雨曼陁羅 曼殊沙華 栴檀香風 悅可衆心
以是因緣 地皆嚴淨 而此世界 六種震動
時四部衆 咸皆歡喜 身意快然 得未曾有
眉間光明 照于東方 万八千土 皆如金色
從阿鼻獄 上至有頂 諸世界中 六道衆生
生死所趣 善惡業緣 受報好醜 於此悉見
又覩諸佛 聖主師子 演說經典 微妙第一
其聲清淨 出柔濡音 教諸菩薩 無數億万
梵音深妙 令人樂聞 各於世界 講說正法
種種因緣 以無量喻 照明佛法 開悟衆生
若人遭苦 厭老病死 為說涅槃 盡諸苦際
若人有福 曾供養佛 志求勝法 為說緣覺
若有佛子 脩種種行 求無上慧 為說淨道

文殊師利 我住於此 見聞若斯 及千億事
如是衆多 今當略說
我見彼土 恒沙菩薩 種種因緣 而求佛道
或有行施 金銀珊瑚 真珠摩尼 車璖馬瑙
金剛諸珎 奴婢車乘 寶飾輦轝 歡喜布施
迴向佛道 願得是乘 三界第一 諸佛所嘆
或有菩薩 駟馬寶車 蘭楯華蓋 軒飾布施
復見菩薩 身肉手足 及妻子施 求無上道
又見菩薩 頭目身體 欣樂施與 求佛智慧
文殊師利 我見諸王 往詣佛所 問無上道
便捨樂土 宮殿臣妾 剃除鬚髮 而被法服
或見菩薩 而作比丘 獨處閑靜 樂誦經典
又見菩薩 勇猛精進 入於深山 思惟佛道
又見離欲 常處空閑 深脩禪定 得五神通
又見菩薩 安禪合掌 以千万偈 讚諸法王

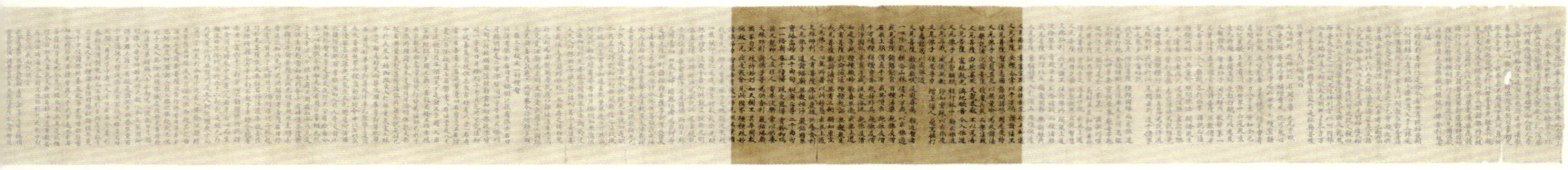

又見離欲 常處空閑 深修禪定 得五神通
又見菩薩 安禪合掌 以千万偈 讚諸法王
復見菩薩 智深志固 能問諸佛 聞悉受持
又見佛子 定慧具足 以無量喻 為衆講法
欣樂說法 化諸菩薩 破魔兵衆 而擊法鼓
又見菩薩 寂然宴默 天龍恭敬 不以為喜
又見菩薩 處林放光 濟地獄苦 令入佛道
又見佛子 未曾睡眠 經行林中 勤求佛道
又見具戒 威儀無缺 淨如寶珠 以求佛道
又見佛子 住忍辱力 增上慢人 惡罵捶打
皆悉能忍 以求佛道
又見菩薩 離諸戲笑 及癡眷屬 親近智者
一心除亂 攝念山林 億千万歲 以求佛道
或見菩薩 餚饍飲食 百種湯藥 施佛及僧
名衣上服 價直千万 或無價衣 施佛及僧

千万億種 栴檀寶舍 衆妙臥具 施佛及僧
清淨園林 華菓茂盛 流泉浴池 施佛及僧
如是等施 種種微妙 歡喜無猒 求無上道
或有菩薩 說寂滅法 種種教詔 無數衆生
或見菩薩 觀諸法性 無有二相 猶如虛空
又見佛子 心無所著 以此妙慧 求無上道
文殊師利 又有菩薩 佛滅度後 供養舍利
又見佛子 造諸塔廟 無數恒沙 嚴飾國界
寶塔高妙 五千由旬 縱廣正等 二千由旬
一一塔廟 各千幢幡 珠交露幔 寶鈴和鳴
諸天龍神 人及非人 香華伎樂 常以供養
文殊師利 諸佛子等 為供舍利 嚴飾塔廟
國界自然 殊特妙好 如天樹王 其華開敷
佛放一光 我及衆會 見此國界 種種殊妙
諸佛神力 智慧希有 放一淨光 照無量國

國界自然 殊特妙好 如天樹王 其華開敷
佛放一光 我及衆會 見此國界 種種殊妙
諸佛神力 智慧希有 放一淨光 照無量國
我等見此 得未曾有 佛子文殊 願決衆疑
四衆欣仰 瞻仁及我 世尊何故 放斯光明
佛子時答 決疑令喜 何所饒益 演斯光明
佛坐道場 所得妙法 爲欲說此 爲當授記
示諸佛土 衆寶嚴淨 及見諸佛 此非小緣
文殊當知 四衆龍神 瞻察仁者 爲說何等
是時文殊師利語彌勒菩薩摩訶薩及諸大
士善男子等如我惟忖今佛世尊欲說大法
雨大法雨吹大法蠡擊大法鼓演大法義諸
善男子我於過去諸佛曾見此瑞放斯光已
即說大法是故當知今佛現光亦復如是欲
令衆生咸得聞知一切世間難信之法故現

斯瑞諸善男子如過去無量無邊不可思議
阿僧祇劫尒時有佛号日月燈明如來應供
正遍知明行足善逝世間解無上士調御丈
夫天人師佛世尊演說正法初善中善後善
其義深遠其語巧妙純一無雜具足清白梵
行之相為求聲聞者說應四諦法渡生老病
死究竟涅槃為求辟支佛者說應十二因緣
法為諸菩薩說應六波羅蜜令得阿耨多羅
三藐三菩提成一切種智
次復有佛亦名日月燈明次復有佛亦名日
月燈明如是二万佛皆同一字号日月燈明
又同一姓姓頗羅墮弥勒當知初佛後佛皆
同一字名日月燈明十号具足所可說法初
中後善其最後佛未出家時有八子一名有

同一字名日月燈明十號具足所可說法初
中後善其最後佛未出家時有八子一名有
意二名善意三名無量意四名寶意五名增
意六名除疑意七名響意八名法意是八王
子威德自在各領四天下是諸王子聞父出
家得阿耨多羅三藐三菩提悉捨王位亦隨
出家發大乘意常脩梵行皆為法師已於千
万佛所殖諸善本是時日月燈明佛說大乘
經名無量義教菩薩法佛所護念說是經已
即於大衆中結跏趺坐入於無量義處三昧
身心不動是時天雨曼陁羅華摩訶曼陁羅
華曼殊沙華摩訶曼殊沙華而散佛上及諸
大衆普佛世界六種震動尒時會中比丘比丘
尼優婆塞優婆夷天龍夜叉乾闥婆阿脩羅
迦樓羅緊那羅摩睺羅伽人非人及諸小王

王轉輪聖王是諸大衆得未曾有歡喜合
掌一心觀佛尒時如來放眉間白豪相光照
于東方万八千佛土靡不周遍如今所見是
諸佛土弥勒當知尒時會中有廿億菩薩樂
欲聽法是諸菩薩見此光明普照佛土得未
曾有欲知此光所爲因緣時有菩薩名曰妙
光有八百弟子是時日月燈明佛從三昧起
因妙光菩薩說大乘經名妙法蓮華教菩薩
法佛所護念六十小劫不起于坐時會聽者
亦坐一處六十小劫身心不動聽佛所說謂
如食頃是時衆中無有一人若身若心而生
懈惓日月燈明佛於六十小劫說是經已即
於梵魔沙門婆羅門及天人阿脩羅衆中而
宣此言如來於今日中夜當入無餘涅槃時
有菩薩名曰德藏日月燈明佛即授其記告

於梵魔沙門婆羅門及天人阿修羅衆中而
宣此言如来於今日中夜當入無餘涅槃時
有菩薩名曰德藏日月燈明佛即授其記告
諸比丘是德藏菩薩次當作佛号曰淨身多
陁阿伽度阿羅訶三藐三佛陁佛授記已便
於中夜入無餘涅槃佛滅度後妙光菩薩持
妙法蓮華經滿八十小劫為人演說日月燈
明佛八子皆師妙光妙光教化令其堅固阿
耨多羅三藐三菩提是諸王子供養無量百
千万億佛已皆成佛道其冣後成佛者名曰
然燈八百弟子中有一人号曰求名貪著利
養雖復讀誦衆經而不通利多所忘失故号
求名是人亦以種諸善根因緣故得值無量
百千万億諸佛供養恭敬尊重讚嘆弥勒當
知尒時妙光菩薩豈異人乎我身是也求名

菩薩汝身是也今見此瑞與本無異是故惟
忖今日如來當說大乘經名妙法蓮華教菩
薩法佛所護念尒時文殊師利於大衆中欲
重宣此義而說偈言

我念過去世　無量無數劫　有佛人中尊　号日月燈明
世尊演說法　渡無量衆生　無數億菩薩　令入佛智慧
佛未出家時　所生八王子　見大聖出家　亦隨脩梵行
時佛說大乘　經名無量義　於諸大衆中　而為廣分別
佛說此經已　即於法坐上　跏趺坐三昧　名無量義處
天雨曼陁羅　天鼓自然鳴　諸天龍鬼神　供養人中尊
一切諸佛土　即時大震動　佛放眉間光　現諸希有事
此光照東方　万八千佛土　示一切衆生　生死業報處
有見諸佛土　以衆寶莊嚴　琉璃頗梨色　斯由佛光照
及見諸天人　龍神夜叉衆　乾闥緊那羅　各供養其佛
又見諸如來　自然成佛道　身色如金山　端嚴甚微妙

又見諸如來　自然成佛道　身色如金山　端嚴甚微妙
如淨瑠璃中　内現真金像　世尊在大衆　敷演深法義
一一諸佛土　聲聞衆無數　因佛光所照　悉見彼大衆
或有諸比丘　在於山林中　精進持淨戒　猶如護明珠
又見諸菩薩　行施忍辱等　其數如恒沙　斯由佛光照
又見諸菩薩　深入諸禪定　身心寂不動　以求無上道
又見諸菩薩　知法寂滅相　各於其國土　説法求佛道
尒時四部衆　見日月燈佛　現大神通力　其心皆歡喜
各各自相問　是事何因緣　天人所奉尊　適從三昧起
讃妙光菩薩　汝爲世間眼　一切所歸信　能奉持法藏
如我所説法　唯汝能證知　世尊既讃歎　令妙光歡喜
説是法華經　滿六十小劫　不起於此坐　所説上妙法
是妙光法師　悉皆能受持　佛説是法華　令衆歡喜已

我今於中夜　當入於涅槃　汝一心精進　當離於放逸
諸佛甚難值　億劫時一遇　世尊諸子等　聞佛入涅槃
各各懷悲惱　佛滅一何速　聖主法之王　安慰無量衆
我若滅度時　汝等勿憂怖　是德藏菩薩　於無漏實相
心已得通達　其次當作佛　号曰爲淨身　亦度無量衆
佛此夜滅度　如薪盡火滅　分布諸舍利　而起無量塔
比丘比丘尼　其數如恒沙　倍復加精進　以求無上道
是妙光法師　奉持佛法藏　八十小劫中　廣宣法華經
是諸八王子　妙光所開化　堅固無上道　當見無數佛
供養諸佛已　隨順行大道　相繼得成佛　轉次而授記
最後天中天　号曰然燈佛　諸仙之道師　度脫無量衆
是妙光法師　時有一弟子　心常懷懈怠　貪著於名利
求名利無厭　多遊族姓家　棄捨所習誦　廢忘不通利
以是因緣故　号之爲求名　亦行衆善業　得見無數佛
供養於諸佛　隨順行大道　具六波羅蜜　今見釋師子

供養於諸佛 隨順行大道 具六波羅蜜 今見釋師子
其後當作佛 号名曰弥勒 廣度諸衆生 其數無有量
彼佛滅度後 懈怠者汝是 妙光法師者 今則我身是
我見燈明佛 本光瑞如此 以是知今佛 欲說法華經
今相如本瑞 是諸佛方便 今佛放光明 助發實相義
諸人今當知 合掌一心待 佛當雨法雨 充足求道者
諸求三乘人 若有疑悔者 佛當為除斷 令盡無有餘

妙法蓮華經方便品第二

尒時世尊從三昧安詳而起告舍利弗諸佛
智慧甚深無量其智慧門難解難入一切聲
聞辟支佛所不能知所以者何佛曾親近百
千万億無數諸佛盡行諸佛無量道法勇猛
精進名稱普聞成就甚深未曾有法隨宜所

緣種種譬喻廣演言教無數方便引導衆生
令離諸著所以者何如來方便知見波羅蜜
皆已具足舍利弗如來知見廣大深遠無量
無閡力無所畏禪定解脫三昧深入無際成
就一切未曾有法舍利弗如來能種種分別
巧說諸法言辭柔軟悅可衆心舍利弗取要
言之無量無邊未曾有法佛悉成就止舍利
弗不須復說所以者何佛所成就第一希有
難解之法唯佛與佛乃能究盡諸法實相所
謂諸法如是相如是性如是體如是力如是
作如是因如是緣如是果如是報如是本末
究竟等尒時世尊欲重宣此義而說偈言
世雄不可量　諸天及世人　一切衆生類　無能知佛者
佛力無所畏　解脫諸三昧　及佛諸餘法　無能測量者
本從無數佛　具足行諸道　甚深微妙法　難見難可了

佛力無所畏　解脫諸三昧　及佛諸餘法　無能測量者
本從無數佛　具足行諸道　甚深微妙法　難見難可了
於無量億劫　行此諸道已　道場得成果　我已悉知見
如是大果報　種種性相義　我及十方佛　乃能知是事
是法不可示　言辭相寂滅　諸餘衆生類　無有能得解
除諸菩薩衆　信力堅固者　諸佛弟子衆　曾供養諸佛
一切漏已盡　住是最後身　如是諸人等　其力所不堪
假使滿世間　皆如舍利弗　盡思共度量　不能測佛智
正使滿十方　皆如舍利弗　及餘諸弟子　亦滿十方剎
盡思共度量　亦復不能知　辟支佛利智　無漏最後身
亦滿十方界　其數如竹林　斯等共一心　於億無量劫
欲思佛實智　莫能知少分　新發意菩薩　供養無數佛
了達諸義趣　又能善說法　如稻麻竹葦　充滿十方剎
一心以妙智　於恒河沙劫　咸皆共思量　不能知佛智

又告舍利弗　無漏不思議　甚深微妙法　我今已具得
唯我知是相　十方佛亦然　舍利弗當知　諸佛語無異
於佛所說法　當生大信力　世尊法久後　要當說真實
告諸聲聞衆　及求緣覺乘　我令脫苦縛　逮得涅槃者
佛以方便力　示以三乘教　衆生處處著　引之令得出
尒時大衆中有諸聲聞漏盡阿羅漢阿若憍
陳如等千二百人及發聲聞辟支佛心比丘
比丘尼優婆塞優婆夷各作是念今者世尊
何故慇懃稱歎方便而作是言佛所得法甚
深難解有所言說意趣難知一切聲聞辟支
佛所不能及佛說一解脫義我等亦得此法
到於涅槃而今不知是義所趣尒時舍利弗
知四衆心疑自亦未了而白佛言世尊何因
何緣慇懃稱歎諸佛第一方便甚深微妙難

知四衆心疑自亦未了而白佛言世尊何因
何緣慇懃稱嘆諸佛第一方便甚深微妙難
解之法我自昔來未曾從佛聞如是說今者
四衆咸皆有疑唯願世尊敷演斯事世尊何
故慇懃稱嘆甚深微妙難解之法尒時舍利
弗欲重宣此義而說偈言
慧日大聖尊　久乃說是法　自說得如是　力無畏三昧
禪定解脫等　不可思議法　道場所得法　無能發問者
我意難可測　亦無能問者　無問而自說　稱嘆所行道
智慧甚微妙　諸佛之所得　無漏諸羅漢　及求涅槃者
今皆墮疑網　佛何故說是　其求緣覺者　比丘比丘尼
諸天龍鬼神　及乾闥婆等　相視懷猶豫　瞻仰兩足尊
是事為云何　願佛為解說　於諸聲聞衆　佛說我第一
我今自於智　疑惑不能了　為是究竟法　為是所行道

佛口所生子 合掌瞻仰待 願出微妙音 時為如實說
諸天龍神等 其數如恒沙 求佛諸菩薩 大數有八万
又諸万億國 轉輪聖王至 合掌以敬心 欲聞具足道
尒時佛告舍利弗 止止不須復說 若說是事
一切世間諸天及人皆當驚疑 舍利弗重白
佛言 世尊 唯願說之 唯願說之 所以者何 是
會無數百千万億阿僧祇衆生 曾見諸佛 諸
根猛利 智慧明了 聞佛所說 則能敬信 尒時
舍利弗欲重宣此義 而說偈言
法王无上尊 唯願說勿慮 是會無量衆 有能敬信者
佛復止舍利弗 若說是事 一切世間天人阿
脩羅皆當驚疑 增上慢比丘將墜於大坑 尒
時世尊重說偈言
止止不須說 我法妙難思 諸增上慢者 聞必不敬信

止止不須說　我法妙難思　諸增上慢者　聞必不敬信
尒時舍利弗重白佛言世尊唯願說之唯願
說之今此會中如我等比百千万億世世已
曽從佛受化如此人等必能敬信長夜安隱
多所饒益尒時舍利弗欲重宣此義而說偈
言
無上兩足尊　願說第一法　我為佛長子　惟垂分別說
是會無量衆　能敬信此法　佛已曽世世　教化如是等
皆一心合掌　欲聽受佛語　我等千二百　及餘求佛者
願為此衆故　唯垂分別說　是等聞此法　則生大歡喜
尒時世尊告舍利弗汝已慇懃三請豈得不
說汝今諦聽善思念之吾當為汝分別解說
說此語時會中有比丘比丘尼優婆塞優婆

此輩罪根深重及增上慢未得謂得未證謂
證有如此失是以不住世尊默然而不制止
尒時佛告舍利弗我今此衆無復枝葉純有
貞實舍利弗如是增上慢人退亦佳矣汝今
善聽當為汝說舍利弗言唯然世尊願樂欲
聞佛告舍利弗如是妙法諸佛如來時乃說
之如優曇鉢華時一現耳舍利弗汝等當信
佛之所說言不虛妄舍利弗諸佛隨宜說法
意趣難解所以者何我以無數方便種種因
緣譬喻言辭演說諸法是法非思量分別之
所能解唯有諸佛乃能知之所以者何諸佛
世尊唯以一大事因緣故出現於世舍利弗
云何名諸佛世尊唯以一大事因緣故出現
於世諸佛世尊欲令衆生開佛知見使得清

於世諸佛世尊欲令衆生開佛知見使得清
淨故出現於世欲示衆生佛知見故出現於
世欲令衆生悟佛知見故出現於世欲令衆
生入佛知見道故出現於世舍利弗是爲諸
佛以一大事因緣故出現於世佛告舍利弗
諸佛如來但教化菩薩諸有所作常爲一事
唯以佛之知見示悟衆生舍利弗如來但以
一佛乘故爲衆生說法無有餘乘若二若三
舍利弗一切十方諸佛法亦如是舍利弗過
去諸佛以無量無數方便種種因緣譬喩言
辭而爲衆生演說諸法是法皆爲一佛乘故
是諸衆生從佛聞法究竟皆得一切種智舍
利弗未來諸佛當出於世亦以無量無數方
便種種因緣譬喩言辭而爲衆生演說諸法

竟皆得一切種智舍利弗現在十方無量百
千万億佛土中諸佛世尊多所饒益安樂衆
生是諸佛亦以無量無數方便種種因緣譬
喻言辭而為衆生演說諸法是法皆為一佛
乘故是諸衆生從佛聞法究竟皆得一切種
智舍利弗是諸佛但教化菩薩欲以佛之知
見示衆生故欲以佛之知見悟衆生故欲令
衆生入佛知見故舍利弗我今亦復如是知
諸衆生有種種欲深心所著隨其本性以種
種因緣譬喻言辭方便力而為說法舍利弗
如此皆為得一佛乘一切種智故舍利弗十
方世界中尚無二乘何況有三舍利弗諸佛
出於五濁惡世所謂劫濁煩惱濁衆生濁見
濁命濁如是舍利弗劫濁亂時衆生垢重慳

濁命濁如是舍利弗劫濁亂時衆生垢重慳
貪嫉妬成就諸不善根故諸佛以方便力於
一佛乘分別說三舍利弗若我弟子自謂阿
羅漢辟支佛者不聞不知諸佛如來但教化
菩薩事此非佛弟子非阿羅漢非辟支佛又
舍利弗是諸比丘比丘尼自謂已得阿羅漢
是冣後身究竟涅槃便不復志求阿耨多羅
三藐三菩提當知此輩皆是增上慢人所以
者何若有比丘實得阿羅漢若不信此法無
有是處除佛滅度後現前無佛所以者何佛
滅度後如是等經受持讀誦解義者是人難
得若遇餘佛於此法中便得決了舍利弗汝
等當一心信解受持佛語諸佛如來言無虛
忘無有餘乘唯一佛乘尒時世尊欲重宣此
義而說偈言

比丘比丘尼 有懷增上慢 優婆塞我慢 優婆夷不信
如是四衆等 其數有五千 不自見其過 於戒有缺漏
護惜其瑕疵 是小智已出 衆中之糟糠 佛威德故去
斯人尠福德 不堪受是法 此衆無枝葉 唯有諸貞實
舍利弗善聽 諸佛所得法 無量方便力 而為衆生說
衆生心所念 種種所行道 若干諸欲性 先世善惡業
佛悉知是已 以諸緣譬喻 言辭方便力 令一切歡喜
或說脩多羅 伽陀及本事 本生未曾有 亦說於因緣
譬喻并祇夜 憂波提舍経 鈍根樂小法 貪著於生死
於諸無量佛 不行深妙道 衆苦所惱亂 為是說涅槃
我設是方便 令得入佛慧 未曾說汝等 當得成佛道
所以未曾說 說時未至故 今正是其時 決定說大乘
我此九部法 隨順衆生說 入大乘為本 以故說是経
有佛子心淨 柔耎亦利根 無量諸佛所 而行深妙道

有佛子心淨 柔軟亦利根 無量諸佛所 而行深妙道
為此諸佛子 說是大乘經
我記如是人 來世成佛道 以深心念佛 修持淨戒故
此等聞得佛 大喜充遍身 佛知彼心行 故為說大乘
聲聞若菩薩 聞我所說法 乃至於一偈 皆成佛無疑
十方佛土中 唯有一乘法 無二亦無三 除佛方便說
但以假名字 引導於衆生 說佛智慧故 諸佛出於世
唯此一事實 餘二則非真 終不以小乘 濟渡於衆生
佛自住大乘 如其所得法 定慧力莊嚴 以此渡衆生
自證無上道 大乘平等法 若以小乘化 乃至於一人
我則墮慳貪 此事為不可 若人信歸佛 如來不欺誑
亦無貪嫉意 斷諸法中惡 故佛於十方 而獨無所畏
我以相嚴身 光明照世間 無量衆所尊 為說實相印
舍利弗當知 我本立誓願 欲令一切衆 如我等無異
如我昔所願 今者已滿足 化一切衆生 皆令入佛道

若我遇衆生　盡教以佛道　無智者錯亂　迷惑不受教

我知此衆生　未曾脩善本　堅著於五欲　癡愛故生惱

以諸欲因緣　墜墮三惡道　輪迴六趣中　備受諸苦毒

受胎之微形　世世常增長　薄德少福人　衆苦所逼迫

入邪見稠林　若有若無等　依止此諸見　具足六十二

深著虛妄法　堅受不可捨　我慢自矜高　諂曲心不實

於千万億劫　不聞佛名字　亦不聞正法　如是人難度

是故舍利弗　我為設方便　說諸盡苦道　示之以涅槃

我雖說涅槃　是亦非真滅　諸法從本來　常自寂滅相

佛子行道已　來世得作佛

我有方便力　開示三乘法　一切諸世尊　皆說一乘道

今此諸大衆　皆應除疑惑　諸佛語無異　唯一無二乘

過去無數劫　無量滅度佛　百千万億種　其數不可量

如是諸世尊　種種緣譬喻　無數方便力　演說諸法相

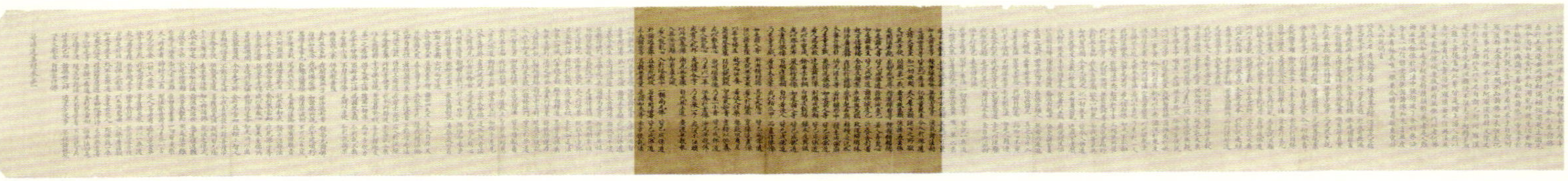

過去無數劫 無量滅度佛 百千万億種 其數不可量
如是諸世尊 種種緣譬喻 無數方便力 演說諸法相
是諸世尊等 皆說一乘法 化無量眾生 令入於佛道
又諸大聖主 知一切世間 天人群生類 深心之所欲
更以異方便 助顯第一義 若有眾生類 值諸過去佛
若聞法布施 或持戒忍辱 精進禪智等 種種脩福德
如是諸人等 皆已成佛道 諸佛滅度已 若人善耎心
如是諸眾生 皆已成佛道 諸佛滅度已 供養舍利者
起万億種塔 金銀及頗梨 車𤦲與馬瑙 玫瑰瑠璃珠
清淨廣嚴飾 莊校於諸塔 或有起石廟 栴檀及沈水
木櫁并餘材 塼瓦泥土等 若於曠野中 積土成佛廟
乃至童子戲 聚沙為佛塔 如是諸人等 皆已成佛道
若人為佛故 建立諸形像 刻雕成眾相 皆已成佛道
或以七寶成 鍮石赤白銅 白鑞及鉛錫 鐵木及與泥
或以膠漆布 嚴飾作佛像 如是諸人等 皆已成佛道

彩畫作佛像　百福莊嚴相　自作若使人　皆已成佛道
乃至童子戲　若草木及筆　或以指爪甲　而畫作佛像
如是諸人等　漸漸積功德　具足大悲心　皆已成佛道
但化諸菩薩　度脫無量眾　若人於塔廟　寶像及畫像
以華香幡蓋　敬心而供養　若使人作樂　擊鼓吹角貝
簫笛琴箜篌　琵琶鐃銅鈸　如是眾妙音　盡持以供養
或以歡喜心　歌唄頌佛德　乃至一小音　皆已成佛道
若人散亂心　乃至以一華　供養於畫像　漸見無數佛
或有人礼拜　或復但合掌　乃至舉一手　或復小低頭
以此供養像　漸見無量佛　自成無上道　廣度無數眾
入無餘涅槃　如薪盡火滅
若人散亂心　入於塔廟中　一稱南无佛　皆已成佛道
於諸過去佛　在世或滅後　若有聞法者　皆已成佛道
未來諸世尊　其數無有量　是諸如來等　亦方便說法

扵諸過去佛　在世或滅度　若有聞法者　皆已成佛道
未來諸世尊　其數無有量　是諸如來等　亦方便說法
一切諸如來　以無量方便　渡脫諸衆生　入佛無漏智
若有聞法者　無一不成佛　諸佛本誓願　我所行佛道
普欲令衆生　亦同得此道　未來世諸佛　雖說百千億
無數諸法門　其實為一乘　諸佛兩足尊　知法常無性
佛種從緣起　是故說一乘　是法住法位　世間相常住
扵道場知已　導師方便說　天人所供養　現在十方佛
其數如恒沙　出現扵世間　安隱衆生故　亦說如是法
知第一寂滅　以方便力故　雖示種種道　其實為佛乘
知衆生諸行　深心之所念　過去所習業　欲性精進力
及諸根利鈍　以種種因緣　譬喻亦言辭　隨應方便說
今我亦如是　安隱衆生故　以種種法門　宣示扵佛道
我以智慧力　知衆生性欲　方便說諸法　皆令得歡喜
舍利弗當知　我以佛眼觀　見六道衆生　貧窮無福慧

入生死險道　相續苦不斷　深著於五欲　如犛牛愛尾
以貪愛自蔽　盲冥無所見　不求大勢佛　及與斷苦法
深入諸邪見　以苦欲捨苦　為是衆生故　而起大悲心
我始坐道場　觀樹亦經行　於三七日中　思惟如是事
我所得智慧　微妙最苐一　衆生諸根鈍　著樂癡所盲
如斯之等類　云何而可度
尒時諸梵王　及諸天帝釋　護世四天王　及大自在天
并餘諸天衆　眷屬百千万　恭敬合掌礼　請我轉法輪
我即自思惟　若但讚佛乘　衆生沒在苦　不能信是法
破法不信故　墮於三惡道　我寧不說法　疾入於涅槃
尋念過去佛　所行方便力　我今所得道　亦應說三乘
作是思惟時　十方佛皆現　梵音慰喻我　善哉釋迦文
苐一之導師　得是無上法　隨諸一切佛　而用方便力
我等亦皆得　最妙苐一法　為諸衆生類　分別說三乘
少智樂小法　不自信作佛　是故以方便　分別說諸果

我等亦皆得　最妙第一法　為諸衆生類　分別說三乘
少智樂小法　不自信作佛　是故以方便　分別說諸果
雖復說三乘　但為教菩薩
舍利弗當知　我聞聖師子　深淨微妙音　稱南无諸佛
復作如是念　我出濁惡世　如諸佛所說　我亦隨順行
思惟是事已　即趣波羅㮈　諸法寂滅相　不可以言宣
以方便力故　為五比丘說　是名轉法輪　便有涅槃音
及以阿羅漢　法僧差別名　從久遠劫來　讚示涅槃法
生死苦永盡　我常如是說　舍利弗當知　我見佛子等
志求佛道者　無量千万億　咸以恭敬心　皆來至佛所
曾從諸佛聞　方便所說法　我即作是念　如來所以出
為說佛慧故　今正是其時　舍利弗當知　鈍根小智人
著相憍慢者　不能信是法　今我喜無畏　於諸菩薩中
正直捨方便　但說無上道　菩薩聞是法　疑網皆已除

千二百羅漢　悉亦當作佛　如三世諸佛　說法之儀式
我今亦如是　說無分別法　諸佛興出世　懸遠值遇難
正使出于世　說是法復難　無量無數劫　聞是法亦難
能聽是法者　斯人亦復難　譬如優曇華　一切皆愛樂
天人所希有　時時乃一出　聞法歡喜讚　乃至發一言
則為已供養　一切三世佛　是人甚希有　過於優曇華
汝等勿有疑　我為諸法王　普告諸大衆　但以一乘道
教化諸菩薩　無聲聞弟子　汝等舍利弗　聲聞及菩薩
當知是妙法　諸佛之秘要　以五濁惡世　但樂著諸欲
如是等衆生　終不求佛道　當來世惡人　聞佛說一乘
迷惑不信受　破法墮惡道　有慚愧清淨　志求佛道者
當為如是等　廣讚一乘道　舍利弗當知　諸佛法如是
以万億方便　隨宜而說法　其不習學者　不能曉了此
汝等既已知　諸佛世之師　隨宜方便事　無復諸疑惑
心生大歡喜　自知當作佛

汝等既已知　諸佛世之師　隨宜方便事　無復諸疑惑
心生大歡喜　自知當作佛

妙法蓮華經卷第一

BD00157 維摩詰所説經卷上

（後秦）鳩摩羅什 譯

634.5cm × 26cm

[illegible]
清淨法生如来身諸仁者欲得佛[illegible]
生病者當發阿耨多羅三藐三菩提心如是長
者維摩詰為諸問疾者如應說法令无數千人
皆發阿耨多羅三藐三菩提心

弟子品第三

尒時長者維摩詰自念寢疾于床世尊大慈
寧不垂愍佛知其意即告舍利弗汝行詣維
摩詰問疾舍利弗白佛言世尊我不堪任詣
彼問疾所以者何憶念我昔曾於林中宴
坐樹下時維摩詰来謂我言唯舍利弗不必
是坐為宴坐也夫宴坐者不於三界現身意
是為宴坐不起滅定而現諸威儀是為宴坐
不捨道法而現[illegible]

不在外是為宴坐於諸見不動而修行卅七
品是為宴坐不斷煩惱而入涅槃是為宴坐
若能如是坐者佛所印可時我世尊聞是語嘿然
而止不能加報故我不任詣彼問疾
佛告大目揵連汝行詣維摩詰問疾目連白
佛言世尊我不堪任詣彼問疾所以者何憶
念我昔入毗耶離城於里巷中為諸居士說
法時維摩詰来謂我言唯大目連為白衣
居士說法不當如仁者所說夫說法者當如
法說法无衆生離衆生垢故法无有我離我
垢故法无壽命離生死故法无有人前後際
斷故法常寂然滅諸相故法離於相无所緣
故法无名字言語斷故法无有說離覺觀故
法无形相如虛空故法无戲論畢竟空故法无

法无形相如虛空故法无戲論畢竟空故法无
我所離我所故法无分別離諸識故法无有
比无相待故法不屬因不在緣故法同法性入
諸法故法隨於如无所隨故法住實際諸邊
不動故法无動搖不依六塵故法无去来常不
住故法順空隨无相應无作法離好醜法无增
損法无生滅法无所歸法過眼耳鼻舌身心
法无高下法常住不動法離一切觀行唯大目
連法相如是豈可說乎夫說法者无說无示
其聽法者无聞无得譬如幻士為幻人說法
當建是意而為說法當了衆生根有利鈍
善於知見无所罣㝵以大悲心讚于大乘念
報佛恩不斷三寶然後說法維摩詰說是
法時八百居士受阿耨多羅三藐三菩提心

我不此辭是故不任詣彼問疾
佛告大迦葉汝行詣維摩詰問疾迦葉白佛
言世尊我不堪任詣彼問疾所以者何憶念
我昔於貧里而行乞時維摩詰来謂我言
唯大迦葉有慈悲心而不能普捨豪富從貧
乞迦葉住平等法應次行乞食故（爲不食）應行乞
食為壞和合相故應取揣食為不受故應
受彼食以空聚想入於聚落所見色與盲等
所聞聲與響等所嗅香與風等所食味不
分別受諸觸如智證知諸法如幻相无自性
无他性本自不然今則无滅迦葉若能不捨
八邪入八解脱以邪相入正法以一食施一切供
養諸佛及衆賢聖然後可食如是食者
非有煩惱非離煩惱非入定意非起定意

非有煩惱非離煩惱非入定意非起定意
非住世間非住涅槃其有施者无大福无小福不
為益不為損是為正入佛道不依聲聞迦葉若
如是食為不空食人之施也時我世尊聞說是
語得未曾有即於一切菩薩深起敬心復作
是念斯有家名辯才智慧乃能如是其
誰不發阿耨多羅三藐三菩提心我從是
來不復勸人以聲聞辟支佛行是故不任
詣彼問疾
佛告須菩提汝行詣維摩詰問疾須菩提
白佛言世尊我不堪任詣彼問疾所以者何
憶念我昔入其舍從乞食時維摩詰取我鉢
盛滿飯謂我言唯須菩提若能於食等者諸
法亦等者法等者於食亦等如是行乞乃可

取食若須菩提不斷婬怒癡亦不與俱不
壊扵身而隨一相不滅癡愛起扵明脫以五逆
相而得解脫亦不解不縛不見四諦非不見
諦非得果非凡夫非離凡夫法非聖人非不
聖人雖成就一切法而離諸法相乃可取食若
須菩提不見佛不聞法彼外道六師富蘭那
迦葉末伽梨拘賒梨子刪闍夜毗羅胝子阿
耆多翅舍欽婆羅迦羅鳩馱迦旃延尼揵他
提子等是汝之師因其出家彼師所墮汝亦
隨墮乃可取食若須菩提入諸邪見不到彼
岸住扵八難不得无難同扵煩惱離清淨法
汝得无諍三昧一切衆生亦得是定其施汝者
不名福田供養汝者墮三惡道為與衆魔共一

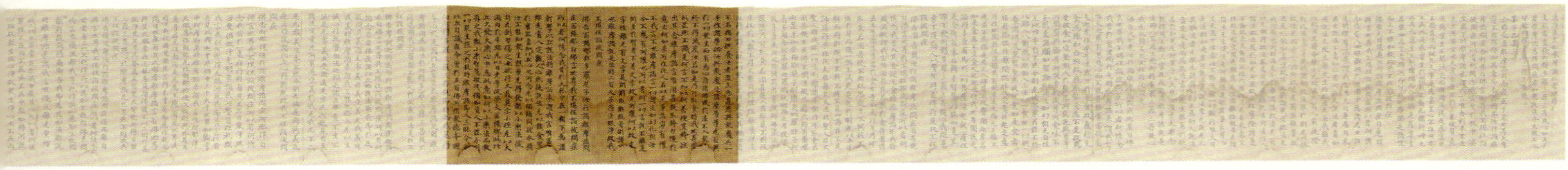

汝得无諍三昧一切衆生亦得是定其施汝
不名福田供養汝者墮三惡道為與衆魔共一
手作諸勞侶汝與衆魔及諸塵勞等无有異
於一切衆生而有怨心謗諸佛毀於法不入衆
終不得滅度汝若如是乃可取食時我世尊聞
此茫然不識是何言不知以何荅便置鉢欲
出其舍維摩詰言唯須菩提取鉢勿懼於
意云何如來所作化人若以是事詰寧有懼
不我言不也維摩詰言一切諸法如幻化相汝
今不應有所懼也所以者何一切言說不離是
相至於智者不著文字故无所懼何以故文
字性離无有文字是則解脫解脫者則諸法
也維摩詰說是法時二百天子得法眼淨故我
不堪任詣彼問疾

佛告富樓那彌多羅尼子汝行詣維摩詰問
疾富樓那白佛言世尊我不堪任詣彼問疾
所以者何憶念我昔於大林中在一樹下為諸
新學比丘說法時維摩詰来謂我言唯富
那先當入定觀此人心然後說法无以穢食置
於寶器當知是比丘心之所念无以瑠璃同彼水精
汝不能知衆生根原无得發起以小乘法彼
自无創勿傷之也欲行大道莫示小徑无以大
海内於牛跡无以日光等彼螢火富樓那此比
丘久發大乘心中忘此意如何以小乘法而教
導之我觀小乘智慧微淺猶如盲人不能分別
一切衆生根之利鈍時維摩詰即入三昧令此
比丘自識宿命曾於五百佛所殖衆德本迴
向阿耨多羅三藐三菩提即時豁然還得

比丘自識宿命曾於五百佛所殖衆德本迴
向阿耨多羅三藐三菩提即時豁然還得
本心於是諸比丘稽首礼維摩詰足時維
摩詰因為說法於阿耨多羅三藐三菩提不
復退轉我念聲聞不觀人根不應說法是故不
任詣彼問疾
佛告摩訶迦旃延汝行詣維摩詰問疾迦旃
延白佛言世尊我不堪任詣彼問疾所以者何
憶念昔者佛為諸比丘略說法要我即於後
敷演其義謂无常義苦義空義无我義寂
滅義時維摩詰来謂我言唯迦旃延无以生
滅心行說實相法迦旃延諸法畢竟不生不
滅是无常義五受陰通達空无所起是苦義

諸法究竟无所有是空義於我无我而不二
是无我義法本不然今則无滅是寂滅義說
是法時彼諸比丘心得解脫故我不任詣彼問
問疾
佛告阿那律汝行詣維摩詰問疾阿那律白
佛言世尊我不堪任詣彼問疾所以者何憶
念我昔於一處經行時有梵王名曰嚴淨與
万梵俱放淨光明来詣我所稽首作禮問
我言幾何阿那律天眼所見我即荅言仁者
吾見此釋迦牟尼佛土三千大千世界如觀掌
中阿摩勒菓時維摩詰来謂我言唯阿那律
天眼所見為作相耶无作相耶假使作相則與外道五
通等若无作相即是无為不應有見世尊我

天眼所見為作相耶无作相耶假使作相則與外道五
通等若无作相即是无為不應有見世尊我
時嘿然彼諸梵聞其言得未曾有即為作礼而
問曰世孰有真天眼者維摩詰言有佛世尊
得真天眼常在三昧悉見諸佛國不以二相於是
嚴淨梵王及其眷屬五百梵天皆發阿耨多羅
三藐三菩提心礼維摩詰足已忽然不現故我
不任詣彼問疾
佛告優波離汝行詣維摩詰問疾優波離白
佛言世尊我不堪任詣彼問疾所以者何憶念
昔者有二比丘犯律行以為恥不敢問佛來問
我言唯優波離我等犯律誠以為恥不敢問
佛願解疑悔得免斯咎我即為其如法解說
時維摩詰來謂我言唯優波離无重增

此二比丘罪當直除滅勿擾其心所以者何彼
罪性不在內不在外不在中間如佛所說
心垢故眾生垢心淨故眾生淨心亦不在內
不在外不在中間如其心然罪垢亦然諸法亦
然不出於如如優波離以心相得解脫時寧
有垢不我言不也維摩詰言一切眾生心相无
垢亦復如是唯優波離妄想是垢无妄想是
淨顛倒是垢无顛倒是淨取我是垢不取我是
淨優波離一切法生滅不住如幻如電諸法
不相待乃至一念不住諸法皆妄見如夢如
炎如水中月如鏡中像以妄想生其知此
者是名奉律其知此者是名善解於是二
比丘言上智哉是優波離所不及持律之上
而不能說我荅言自捨如來未有聲聞及菩
薩能制其樂說之辯其智慧明達為若此

而不能說我答言自捨如來未有聲聞及菩
薩能制其樂說之辯其智慧明達為若此
也時二比丘疑悔即除發阿耨多羅三藐
三菩提心作是願言令一切衆生皆得是辯
故我不任詣彼問疾
佛告羅睺羅汝行詣維摩詰問疾羅睺羅白
佛言世尊我不堪任詣彼問疾所以者何憶
念昔時毗耶離諸長者子來詣我所稽首
作礼問我言唯羅睺羅汝佛之子捨轉輪王
位出家為道其出家者有何等利我即如法為
說出家功德之利時維摩詰來謂我言唯羅
睺羅不應說出家功德之利所以者何无利
无功德是為出家有為法者可說有利有功
德夫出家者為无為法无為法中无利无功
德羅睺羅夫出家者无彼无此亦无中間離

十二見處於涅槃智者所受聖所行處降
伏眾魔度五道淨五眼得五力立五根不
於彼離眾雜惡摧諸外道超越假名出淤泥
无繫著无我所无所受无擾亂內懷喜護彼
意隨禪定離眾過若能如是是真出家於是
維摩詰語諸長者子汝等於正法中宜共出
家所以者何佛世難值諸長者子言居士我聞
佛言父母不聽不得出家維摩詰言然汝
等便發阿耨多羅三藐三菩提心是即出
是即具足尒時卅二長者子皆發阿耨多羅
三藐三菩提心故我不任詣彼問疾
佛告阿難汝行詣維摩詰問疾阿難白佛言
世尊我不堪任詣彼問疾所以者何憶念昔
時世尊身小有疾當用牛乳我即持鉢詣大
婆羅門家門下立時維摩詰來謂我言唯阿

婆羅門家門下立時維摩詰來謂我言唯阿
難何為晨朝持鉢住此我言居士世尊身小
有疾當用牛乳故來至此維摩詰言止止阿
難莫作是語如來身者金剛之體諸惡已斷
衆善普會當有何疾當有何惱黙往阿難勿
謗如來莫使異人聞此麁言无令大威德諸
天及他方淨土諸來菩薩得聞斯語阿難轉
輪聖王以少福故尚得无病豈況如来无量
福會普勝者哉行矣阿難勿使我等受斯
恥也外道梵志若聞此語當作是念何名為師
自疾不能救而能救諸疾人可密速去勿使人
聞當知阿難諸如来身即是法身非思欲身佛
為世尊過於三界佛身无漏諸漏已盡佛
身无為不墮諸數如此之身當有何病時

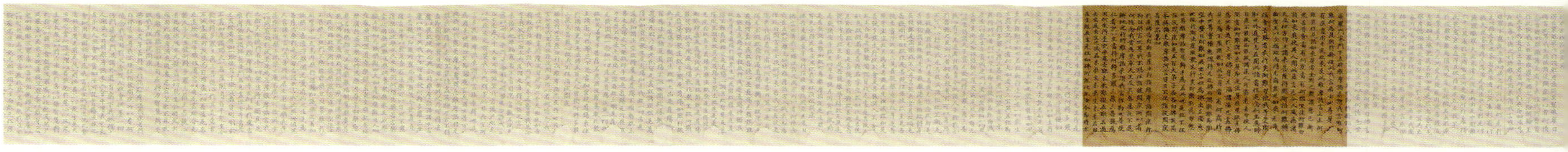

我世尊實懷慙愧得無近佛而謬聽耶即聞
空中聲曰阿難如居士言但為佛出五濁惡
世現行斯法度脫衆生行矣阿難取乳勿慙
世尊維摩詰智慧辯才為若此也是故不任
詣彼問疾如是五百大弟子各各向佛說其
本緣稱述維摩詰所言皆曰不任詣彼問疾

菩薩品第四

於是佛告彌勒菩薩汝行詣維摩詰問疾彌
勒白佛言世尊我不堪任詣彼問疾所以者
何憶念我昔為兜率天王及其眷屬說不退
轉地之行時維摩詰來謂我言彌勒世尊授
仁者記一生當得阿耨多羅三藐三菩提為
用何生得受記乎過去耶未來耶現在耶若過
去生過去生已滅若未來生未來生未至若現
在生現在生無住如佛所說比丘汝今即時亦

在生現在生无住如佛所說比丘汝今即時亦
生亦老亦滅若以无生得受記者无生即是
正位於正位中亦无授記亦无得阿耨多羅
三藐三菩提云何弥勒受一生記乎為從如
生得受記耶為從如滅得受記耶若以如生得
受記者如无有生若以如滅得受記者如无有
滅一切衆生皆如也一切法亦如也衆聖賢亦如也
至於弥勒亦如也若弥勒得受記者一切衆生
亦應受記所以者何夫如者不二不異若弥勒
得阿耨多羅三藐三菩提者一切衆生皆亦
應得所以者何一切衆生即菩提相若弥勒滅
度者一切衆生亦當滅度所以者何諸佛知一切衆
生畢竟寂滅即涅槃相不復更滅是故弥勒无
以此法誘諸天人實无發阿耨多羅三藐

提心者亦无退者弥勒當令此諸天子捨於分
別菩提之見所以者何菩提者不可以身得
不可以心得寂滅是菩提滅諸相故不觀是
菩提離諸緣故不行是菩提无憶念故斷是
菩提捨諸見故離是菩提離諸妄想故鄣是
菩提鄣諸願故不入是菩提无貪著故順是
菩提順於如故住是菩提住法性故至是菩
提至實際故不二是菩提離意法故等是菩
提等虛空故无為是菩提无生住滅故知是
菩提了衆生心行故不會是菩提諸入不會
故不合是菩提離煩惱習故无處是菩提无
形色故假名是菩提名字空故如化是菩提
无取捨故无亂是菩提常自靜故善寂是菩
提性淨清故无取是菩提離攀緣故无異是
菩提諸法等故无比是菩提无所喻故微妙

BD00157　維摩詰所説經卷上

提性淨清故无取是菩提離攀緣故无異是
菩提諸法等故无比是菩提无所喻故微妙
是菩提諸法難知故世尊維摩詰說是法時
百天子得无生法忍故我不任詣彼問疾
佛告光嚴童子汝行詣維摩詰問疾光嚴白
佛言世尊我不堪任詣彼問疾所以者何憶念
我昔出毗耶離大城時維摩詰方入城我即為
作礼而問言居士從何所來答我言吾從道
場來我問道場者何所是答曰直心是道
場无虛假故發行是道場能辦事故深心是
道場增益功德故菩提心是道場无錯謬故
布施是道場不望報故持戒是道場得願具
故忍辱是道場於諸衆生心无閡故精進是道
場不懈退故禪定是道場心調柔故智慧是道
場現見諸法故慈是道場等衆生故悲是道

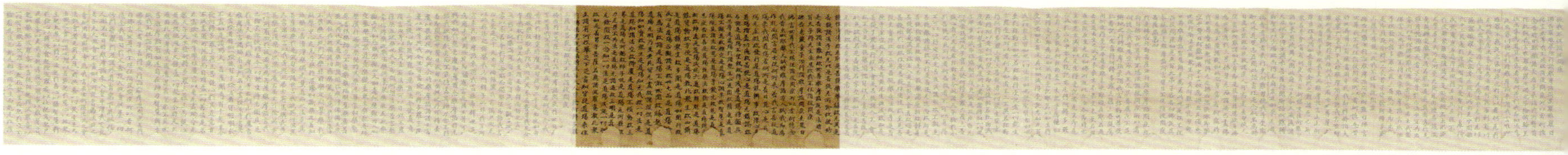

忍疲苦故喜是道場悅樂法故捨是道場憎愛
斷故神通是道場成就六通故解脫是道場
能背捨故方便是道場教化衆生故四攝
是道場攝衆生故多聞是道場如聞行故
伏心是道場正觀諸法故卅七品是道場捨
有為法故諦是道場不誑世間故緣起
道場无明乃至老死皆无盡故諸煩惱是道
場知如實故衆生是道場知无我故一切法是
道場知諸法空故降魔是道場不傾動故三
界是道場无所趣故師子吼是道場无所畏故
力无畏不共法是道場无諸過故三明是道
无餘閡故一念知一切法是道場成就一切知
故如是善男子菩薩若應諸波羅蜜教化衆
生諸有所作舉足下足當知皆從道場來住
於佛法矣說是法時

生諸有所住舉足下足當知皆從道場來住
於佛法矣說是法時五百天人皆發阿耨多羅
三藐三菩提心故我不任詣彼問疾
佛告持世菩薩汝行詣維摩詰問疾持世白佛
言世尊我不堪任詣彼問疾所以者何憶念我
昔住於靜室時魔波旬從万二千天女狀如帝
釋鼓樂弦歌來詣我所與其眷屬稽首我足合
掌恭敬於一面立我意謂是帝釋而語之言
來憍尸迦雖福應有不當自恣當觀五欲无
常以求善本於身命財而脩堅法即語我言
正士受是万二千天女可備掃灑我言憍尸迦无
以此非法之物要我沙門釋子此非我宜所
言未訖維摩詰來謂我言非帝釋也是
為魔來嬈固汝耳即語魔言是諸女等可

與我如我應受魔即驚懼念維摩詰將無
惱我欲隱形去而不能隱盡其神力亦不得
去即聞空中聲曰波旬以女與之乃可得去
魔以畏故俛仰而與尒時維摩詰語諸女言
魔以汝等與我今汝皆當發阿耨多羅三藐
三菩提心即隨所應而為說法令發道意
復言汝等以發道意有法樂可以自娛不應
復樂五欲樂也天女即問何謂法樂答言樂
常信佛樂欲聽法樂供養眾樂離五欲樂
觀五陰如怨賊樂觀四大如毒虵樂觀內入如
空聚樂隨護道意樂饒益眾生樂敬養師
樂廣行布施樂堅持戒樂忍辱柔和樂懃
集善根樂禪定不亂樂離垢明慧樂廣菩
提心樂降伏眾魔樂斷諸煩惱樂淨佛國土樂
成就相好故脩諸功德樂嚴道場樂聞深法

提心降伏衆魔樂斷諸煩惱樂淨佛國土樂
成就相好故脩諸功德樂嚴道場樂聞深法
不畏樂三脫門不樂非時樂近同學樂於非
同學中心无恚㝵樂將護惡知識樂近善知
識樂心喜清淨樂脩无量道品之法是為
菩薩法樂於是波旬告諸女言我欲與汝俱還
天宮諸女言以我等與此居士有法樂我等
甚樂不復樂五欲樂也魔言居士可捨此女
一切所有施於彼者是為菩薩維摩詰言我
已捨矣汝便將去令一切衆生得法願具足
於是天女問維摩詰我等云何止於魔宮
維摩詰言諸姊有法門名无盡燈汝等當學
无盡燈者譬如一燈燃百千燈冥者皆明明終
不盡如是諸姊夫一菩薩開導百千衆生令
發阿耨多羅三藐三菩提心於其道意亦

不滅盡隨所説法而自增益一切善法是名
无盡燈也汝等雖住魔宮以是无盡燈令无
數天子天女發阿耨多羅三藐三菩提心
者為報佛恩亦大饒益一切衆生尒時天女
頭面礼維摩詰足隨魔還宮忽然不現世
尊維摩詰有如是自在神力智慧辯才
故我不任詣彼問疾
佛告長者子善得汝行詣維摩詰問疾善得
白佛言世尊我不堪任詣彼問疾所以者何
憶念我昔自於父舍設大施會供養一切
沙門婆羅門及諸外道貧窮下賤孤獨乞
人期滿七日時維摩詰來入會中謂我言長
者子夫大施會不當如汝所設當為法施之
會何用是財施會為我言居士何謂法施之會
法施會者无前无後一時供養一切衆生

會何用是財施會為我言居士何謂法施之會
法施會者无前无後一時供養一切衆生是名
法施之會何謂也謂以菩提起於慈心以救衆
生起大悲心以持正法起於喜心以攝智慧行
於捨心以攝慳貪起檀波羅蜜以化犯戒起尸
波羅蜜以无我法起羼提波羅蜜以離身心相
起毗離耶波羅蜜以菩提相起禪波羅蜜以
一切智起般若波羅蜜教化衆生而起於空不
捨有為法而起无相示現受生而起无作護
持正法起方便力以度衆生起四攝法以敬事一
切起除慢法於身命財起三堅法於六念中
起思念法於六和敬起質直心正行善法
起於淨命心淨歡喜起近賢聖不憎惡人起
調伏心以出家法起於深心以如說行起於多

閒以无諍法起空閑處起向佛慧起於宴坐
解衆生縛起脩行地以具相好及淨佛土起
福德業知一切衆生心念如應說法起於智業
知一切法不取不捨入一相門起於慧業斷一
切煩惱一切鄣閡一切不善法起一切善業
以得一切智慧一切善法起於一切助佛道法如
是善男子是為法施之會若菩薩住是法
施會者為大施主亦為一切世間福田世尊維
摩詰說是法時婆羅門衆中二百人皆發阿
耨多羅三藐三菩提心我時心得清淨嘆
未曾有稽首礼維摩詰足即解瓔珞價直
百千以上之不肯取我言居士願必納受隨
意所與維摩詰乃受瓔珞分作二分持一分施
此會中一最下乞人持一分奉彼難勝如來

此會中一冣下乞人持一分奉彼難勝如来
一切衆會皆見光明國土難勝如来又見珠
瓔在彼佛上變成四柱寶臺四面嚴飾不相鄣
蔽時維摩詰現神變已作是言若施主等心
施一冣下乞人猶如如来福田之相无所分别
等于大悲不求果報是則名曰具足法施城
城中一冣下乞人見是神力聞其所説皆發阿耨
多羅三藐三菩提心故我不任詣彼問疾如
是諸菩薩各各向佛説其本緣稱述維摩
詰所言皆曰不任詣彼問疾

BD00158

維摩詰所説經卷上

（後秦）鳩摩羅什 譯

973.5cm × 24.5cm

嚴身色像第一樀　開所

遠踰於須弥深信堅固猶若

金剛法寶普照而雨甘露於衆言音微妙第

一滌入緣起斷諸耶見有无二邊无復餘習

演法无畏猶師子吼其所講說乃如雷震无

有量已過量集衆法寶如海導師了達諸法

深妙之義善□□往來所趣及心所行□

无等等佛自在慧十力无畏十八不共法關

閉一切諸惡趣門而生五道以現其身為大

醫王善療衆病應病與藥令得服行无量功

德皆成就无量佛土皆嚴淨其見聞者无不蒙

益諸有所作亦不唐捐如是一切功德皆悉

具足

其名曰等觀菩薩不等觀菩薩等不等觀菩

相菩薩光嚴菩薩大嚴菩薩寶積菩薩辯積
菩薩寶手菩薩寶印手菩薩常舉手菩薩常
下手菩薩常慘菩薩喜根菩薩喜王菩薩辯
音菩薩虛空藏菩薩執寶炬菩薩寶勇菩薩
寶見菩薩帝網菩薩明網菩薩无緣觀菩薩
慧積菩薩寶勝菩薩天王菩薩壞魔菩薩電
得菩薩自在王菩薩功德相嚴菩薩師子吼
菩薩雷音菩薩山相擊音菩薩香象菩薩白
香象菩薩常精進菩薩不休息菩薩妙生菩
薩華嚴菩薩觀世音菩薩得大勢菩薩梵網
菩薩寶杖菩薩无勝菩薩嚴土菩薩金髻菩
薩珠髻菩薩弥勒菩薩文殊師利法王子菩薩
如是等三万二千人

BD00158　維摩詰所説經卷上

薩珠髻菩薩弥勒菩薩文殊師利法王子菩薩
如是等三万二千人
復有万梵天王尸棄等從餘四天下來詣佛所而聽
法復有万二千天帝亦從餘四天下來在會坐并
餘大威力諸天龍神夜叉乾闥婆阿脩羅迦樓羅緊
那羅摩睺羅伽等悉來會坐諸比丘比丘尼優
婆塞優婆夷俱來會坐彼時佛與無量百千
之衆恭敬圍繞而為說法譬如須弥山王顯于
大海安處衆寶師子之坐蔽於一切諸來大衆
尒時毗耶離城有長者子名曰寶積與五百
長者子俱持七寶蓋來詣佛所頭面礼足各
以其蓋共供養佛佛之威神令諸寶蓋合成
一蓋遍覆三千大千世界而此世界廣長之相
悉於中現又此三千大千世界諸須弥山雪
山目真鄰陁山摩訶目真鄰陁山香山寶

山金山黑山鐵圍山大鐵圍山大海江河川
流泉源及日月星辰天宮龍宮諸尊神宮悉
現於寶蓋中又十方諸佛諸佛說法亦現於
寶蓋中尒時一切大衆覩佛神力嘆未曾有合
掌礼佛瞻仰尊顏目不暫捨長者子寶積
即於佛前以偈頌曰
目淨脩廣如青蓮　心淨已度諸禪定
久積淨業稱无量　導衆以寂故稽首
既見大聖以神變　普現十方无量土
其中諸佛演說法　於是一切悉見聞
法王法力超羣生　常以法財施一切
能善分別諸法相　於第一義而不動
已於諸法得自在　是故稽首此法王
說法不有亦不无　以因緣故諸法生
无我无造无受者　善惡之業亦不亡

說法不有亦不无　以因緣故諸法生
无我无造无受者　善惡之業亦不亡
始在佛樹力降魔　得甘露滅覺道成
已无心意无受行　而悉摧伏諸外道
三轉法輪於大千　其輪本來常清淨
天人得道此爲證　三寶於是現世間
以斯妙法濟群生　一受不退常寂然
度老病死大醫王　當禮法海德无邊
毀譽不動如須弥　於善不善等以慈
心行平等如虛空　孰聞人寶不敬承
今奉世尊此微蓋　於中現我三千界
諸天龍神所居宮　乾闥婆等及夜叉
悉見世間諸所有　十力哀現是化變
衆覩希有皆歎佛　今我稽首三界尊

大聖法王衆所歸　淨心觀佛靡不欣
各見世尊在其前　斯則神力不共法
佛以一音演説法　衆生隨類各得解
皆謂世尊同其語　斯則神力不共法
佛以一音演説法　衆生各各隨所解
普得受行獲其利　斯則神力不共法
佛以一音演説法　或有恐畏或歡喜
或生猒離或斷疑　斯則神力不共法
稽首十力大精進　稽首已得无所畏
稽首住於不共法　稽首一切大導師
稽首能斷衆結縛　稽首已到於彼岸
稽首能度諸世間　稽首永離生死道
悉知衆生來去相　善於諸法得解脱
不著世間如蓮華　常善入於空寂行
達諸法相無罣礙　稽首如空無所依

悉知眾生來去相　善於諸法得解
不著世間如蓮華　常善入於空寂行
達諸法相無罣礙　稽首如空無所依
尒時長者子寶積說此偈已白佛言世尊是
五百長者子皆已發阿耨多羅三藐三菩提
心願聞得佛國土清淨唯願世尊說諸菩薩
淨土之行佛言善哉寶積乃能為諸菩薩問
於如來淨土之行諦聽諦聽善思念之當為
汝說於是寶積及五百長者子受教而聽佛
言寶積眾生之類是菩薩佛土所以者何菩
薩隨所化眾生而取佛土隨所調伏眾生而
取佛土隨諸眾生應以何國入佛智慧而取
佛土隨諸眾生應以何國起菩薩根而取佛土
所以者何菩薩取於淨國皆為饒益諸眾
生故譬如有人欲於空地造立宮室隨意無

生故願取佛國願取佛國者非於空也
寶積當知直心是菩薩淨土菩薩成佛時不
謟衆生來生其國深心是菩薩淨土菩薩成
佛時具足功德衆生來生其國大乘心是菩薩
淨土菩薩成佛時大乘衆生來生其國布施
是菩薩淨土菩薩成佛時一切能捨衆生
來生其國持戒是菩薩淨土菩薩成佛時行
十善道滿願衆生來生其國忍辱是菩薩淨
土菩薩成佛時卅二相莊嚴其身衆生來
生其國精進是菩薩淨土菩薩成佛時勤
脩一切功德衆生來生其國禪定是菩薩淨
土菩薩成佛時攝心不亂衆生來生其國智
慧是菩薩淨土菩薩成佛時正定衆生來生

慧是菩薩淨土菩薩成佛時正定衆生來生
其國四无量心是菩薩淨土菩薩成佛時成
就慈悲喜捨衆生來生其國四攝法是菩薩
淨土菩薩成佛時解脫所攝衆生來生其國
方便是菩薩淨土菩薩成佛時於一切法方便
无㝵衆生來生其國卅七道品是菩薩淨
土菩薩成佛時念處正勤神足根力覺道衆
生來生其國迴向心是菩薩淨土菩薩成佛
時得一切具足功德國土說除八難是菩薩
淨土菩薩成佛時國土无有三惡八難自守
戒行不譏彼闕是菩薩淨土菩薩成佛時國
土无有犯禁之名十善是菩薩淨土菩薩成
佛時命不中夭大富梵行所言誠諦常以濡
語眷屬不離善和諍訟言必饒益不嫉不恚

正見衆生來生其國如是寶積菩薩隨其直
心則能發行隨其發行則得深心隨其深心
則意調伏隨意調伏則如說行隨如說行則
能迴向隨其迴向則有方便隨其方便則成
就衆生隨成就衆生則佛土淨隨佛土淨則
說法淨隨說法淨則智慧淨隨智慧淨則其
心淨隨其心淨則一切功德淨是故寶積若
菩薩欲得淨土當淨其心隨其心淨則佛土淨
爾時舍利弗承佛威神作是念若菩薩心淨
則佛土淨者我世尊本為菩薩時意豈
不淨而是佛土不淨若此佛知其念即告之言
於意云何日月豈不淨耶而盲者不見對曰不
也世尊是盲者過非日月咎舍利弗衆生罪故
不見如來佛國嚴淨非如來咎舍利弗我此
土淨而汝不見爾時螺髻梵王語舍利弗

也世尊是盲者過非日月咎舍利弗衆生罪故
不見如來佛國嚴淨非如來咎舍利弗我此
土淨而汝不見尒時螺髻梵王語舍利弗勿
作是意謂此佛土以為不淨所以者何我見
釋迦牟尼佛土清淨譬如自在天宮舍利弗
言我見此土丘陵坑坎荊蕀沙礫土石諸山
穢惡充滿螺髻梵言仁者心有高下不依佛
慧故見此土為不淨耳舍利弗菩薩於一切
衆生悉皆平等深心清淨依佛智慧則能見
此佛土清淨於是佛以足指案地即時三千
大千世界若干百千珎寶嚴飾譬如寶莊嚴
佛无量功德寶莊嚴土一切大衆嘆未曾有
而皆自見坐寶蓮華佛告舍利弗汝且觀是
佛土嚴淨舍利弗言唯然世尊本所不見本
所不聞今佛國土嚴淨悉見佛告舍利弗我

佛國土常淨若此為欲度斯下劣人故示是
衆惡不淨土耳譬如諸天共寶器食隨其福
德飯色有異如是舍利弗若人心淨便見此
土功德莊嚴當佛現此國土嚴淨之時寶積
所將五百長者子皆得无生法忍八万四千
人發阿耨多羅三藐三菩提心佛攝神足於
是世界還復如故求聲聞乘三万二千天及
人知有為法皆悉无常遠塵離垢得法眼淨
八千比丘不受諸法漏盡意解

方便品第二

尒時毗耶離大城中有長者名維摩詰已曾
供養无量諸佛深殖善本得无生忍辯才无
㝵遊戲神通逮諸捴持獲无所畏降魔勞怨
入深法門善於智度通達方便大願成就明了

礙遊戲神通逮諸揔持獲无所畏降魔勞怨
入深法門善於智度通達方便大願成就明了
衆生心之所趣又能分別諸根利鈍久於佛
道心已純熟決定大乘諸有所作能善思
量住佛威儀心大如海諸佛諮嗟弟子釋梵
世主所敬欲度人故以善方便居毗耶離資財
无量攝諸貧民奉戒清淨攝諸毀禁以忍
調行攝諸恚怒以大精進攝諸懈怠一心禪寂
攝諸亂意以決定慧攝諸无智雖為白衣奉
持沙門清淨律行雖處居家不著三界示
有妻子常脩梵行現有眷屬常樂遠離雖服
寶飾而以相好嚴身雖復飲食而以禪悅為
味若至博弈戲處輒以度人受諸異道不毀
正信雖明世典常樂佛法一切見敬為供養
中最執持正法攝諸長幼一切治生諧偶雖

獲俗利不以喜悅遊諸四衢饒益衆生入治
政法救護一切入講論處導以大乘入諸學
堂誘開童蒙入諸婬舍示欲之過入諸酒肆
能立其志若在長者長者中尊爲説勝法若
在居士居士中尊斷其貪着若在刹利刹
利中尊教以忍辱若在婆羅門婆羅門中尊
除其我慢若在大臣大臣中尊教以正法若在
王子王子中尊示以忠孝若在内官内官中
尊化正宮女若在庶民庶民中尊令興福力
若在梵天梵天中尊誨以勝慧若在帝釋帝
釋中尊示現无常若在護世護世中尊護諸
衆生長者維摩詰以如是等无量方便饒益
衆生其以方便現身有疾以其疾故國王大
臣長者居士婆羅門等及諸王子并餘官屬
无數千人皆往問疾其往者維摩詰因以身

臣長者居士婆羅門等及諸王子并餘官屬
无數千人皆往問疾其往者維摩詰因以身
疾廣爲説法諸仁者是身无常无強无力无
堅速朽之法不可信也爲苦爲惱衆病所集
諸仁者如此身明智者所不怙是身如聚沫
不可撮摩是身如泡不得久立是身如炎從
渴愛生是身如芭蕉中无有堅是身如幻從
顛倒起是身如夢爲虚妄見是身如影從業
緣現是身如響屬諸因緣是身如浮雲須臾
變滅是身如電念念不住是身无主爲如地
是身无我爲如火是身无壽爲如風是身无
人爲如水是身不實四大爲家是身爲空離
我我所是身无知如草木瓦礫是身无作風
力所轉是身不淨穢惡充滿是身爲虚僞雖

假以澡浴衣食必歸磨滅是身為災百一病
惱是身如丘井為老所逼是身无定為要當
死是身如毒虵如怨賊如空聚陰界諸入所
共合成諸仁者此可患厭當樂佛身所以者
何佛身者即法身也從无量功德智慧生從
戒定慧解脫解脫知見生從慈悲喜捨生從
布施持戒忍辱柔和勤行精進禪定解脫三
昧多聞智慧諸波羅蜜生從方便生從六通
生從三明生從卅七道品生從止觀生從十
力四无所畏十八不共法生從斷一切不善
法集一切善法生從真實法生從不放逸生
從如是无量清淨法生如來身諸仁者欲得
佛身斷一切衆生病者當發阿耨多羅三藐
三菩提心如是長者維摩詰為諸問疾者
如應說法令无數千人皆發阿耨多羅三藐

BD00158　維摩詰所説經卷上

三菩提心如是長者維摩詰為諸問疾者
如應說法令无數千人皆發阿耨多羅三藐
三菩提心

弟子品第三

尒時長者維摩詰自念寢疾于牀世尊大慈
寧不垂愍佛知其意即告舍利弗汝行詣維
摩詰問疾舍利弗白佛言世尊我不堪任詣
彼問疾所以者何憶念我昔曾於林中宴坐
樹下時維摩詰來謂我言唯舍利弗不必是
坐為宴坐也夫宴坐者不於三界現身意是
為宴坐不起滅定而現諸威儀是為宴坐不
捨道法而現凡夫事是為宴坐心不住內亦
不在外是為宴坐若於諸見不動而脩行卅七
品是為宴坐不斷煩惱而入涅槃是為宴坐
若能如是坐者佛所印可時我世尊聞是語

時我默然不能加報故我不任詣彼問疾
佛告大目揵連汝行詣維摩詰問疾目連白
佛言世尊我不堪任詣彼問疾所以者何憶
念我昔入毗耶離大城於里巷中為諸居士
說法時維摩詰來謂我言唯大目揵連為白衣
居士說法不當如仁者所說夫說法者當如法
說法无衆生離衆生垢故法无有我離我垢
故法无壽命離生死故法无有人前後際
斷故法常寂然滅諸相故法離於相无所緣
故法无名字言語斷故法无有說離覺觀故
法无形相如虛空故法无戲論畢竟空故法
无我所離我所故法无分別離諸識故法无有
比无相待故法不屬因不在緣故法同法性
入諸法故法隨於如无所隨故法住實際諸

比无相待故法不屬因不在緣故法同法性
入諸法故法隨於如无所隨故法住實際諸
邊不動故法无動搖不依六塵故法无去來
常不住故法順空隨无相應无作法離好
醜法无增損法无生滅法无所歸法過眼耳
鼻舌身心法无高下法常住不動法離一切
觀行唯大目連法相如是豈可說乎夫說法
者无說无示其聽法者无聞无得譬如幻士
為幻人說法當建是意而為說法當了衆生
根有利鈍善於知見无所罣导以大悲心讚
于大乘念報佛恩不斷三寶然後說法維摩
詰說是法時八百居士發阿耨多羅三藐三
菩提心我无此辯是故不任詣彼問疾
佛告大迦葉汝行詣維摩詰問疾迦葉白佛
言世尊我不堪任詣彼問疾所以者何憶念

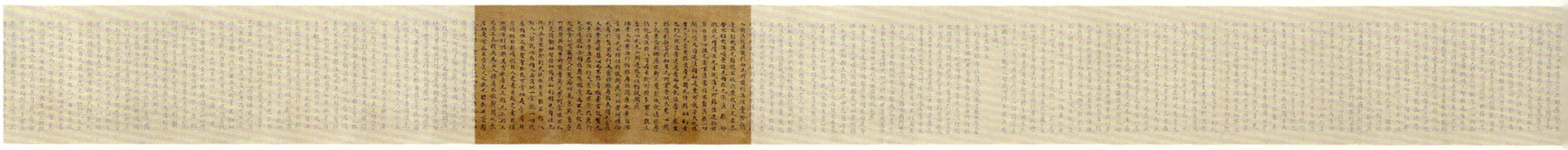

我昔於貧里而行乞時維摩詰來謂我言唯
大迦葉有慈悲心而不能普捨豪富從貧乞
迦葉住平等法應次行乞食為不食故應行
乞食為壞和合相故應取揣食為不受故應
受彼食以空聚想入於聚落所見色與盲等
所聞聲與響等所嗅香與風等所食味不分
別受諸觸如智證知諸法如幻相无自性无
他性本自不然今則无滅迦葉若能不捨八
邪入八解脫以邪相入正法以一食施一切供
養諸佛及眾賢聖然後可食如是食者非
有煩惱非離煩惱非入定意非起定意非住
世間非住涅槃其有施者无大福无小福不
為益不為損是為正入佛道不依聲聞迦葉
若如是食為不空食人之施也時我世尊聞
說是語得未曾有即於一切菩薩深起敬心

若如是食爲不空食人之施也時我世尊聞
說是語得未曾有即於一切菩薩深起敬心
復作是念斯有家名辯才智慧乃能如是其
誰不發阿耨多羅三藐三菩提心我從是來
不復勸人以聲聞辟支佛行是故不任詣彼問疾
佛告須菩提汝行詣維摩詰問疾須菩提白
佛言世尊我不堪任詣彼問疾所以者何憶念
我昔入其舍從乞食時維摩詰取我鉢盛滿
飯謂我言唯須菩提若能於食等者諸法亦
等諸法等者於食亦等如是行乞乃可取食
若須菩提不斷婬怒癡亦不與俱不壞於身
而隨一相不滅癡愛起於明脫以五逆相而得
解脫亦不解不縛不見四諦非不見諦非得

成就一切法而離諸法相乃可取食若須
菩提不見佛不聞法彼外道六師富蘭那
迦葉末伽梨拘賒梨子刪闍夜毗羅胝子阿
耆多翅舍欽婆羅迦羅鳩馱迦旃延尼揵陀
若提子等是汝之師因其出家彼師所墮汝
亦隨墮乃可取食若須菩提入諸耶見不到
彼岸住於八難不得无難同於煩惱離清淨
法汝得无諍三昧一切衆生亦得是定其施汝
者不名福田供養汝者墮三惡道為與衆
魔共一手作諸勞侶汝與衆魔及諸塵勞等
无有異於一切衆生而有怨心謗諸佛毀於法
不入衆數終不得滅度汝若如是乃可取食
時我世尊聞此茫然不識是何言不知以
何荅便置鉢欲出其舍維摩詰言唯須菩提
取鉢勿懼於意云何如來所作化人若以是

BD00158　維摩詰所説經卷上

何若便置鉢欲出其舍維摩詰言唯須菩提
取鉢勿懼於意云何如來所作化人若以是
事詰寧有懼不我言不也維摩詰言一切諸
法如幻化相汝今不應有所懼也所以者何
一切言說不離是相至於智者不著文字故无
所懼何以故文字性離无有文字是則解
脫解脫相者則諸法也維摩詰說是法時二
百天子得法眼淨故我不任詣彼問疾
佛告富樓那彌多羅尼子汝行詣維摩詰
問疾富樓那白佛言世尊我不堪任詣彼問
疾所以者何憶念我昔於大林中在一樹下爲
諸新學比丘說法時維摩詰來謂我言唯富
樓那先當入定觀此人心然後說法无以穢食
置於寶器當知是比丘心之所念无以琉璃
同彼水精汝不能知衆生根原无得發起

（22–12）

以小乘法彼自无瘡勿傷之也欲行大道莫
示小徑无以大海內於牛跡无以日光等彼
螢火富樓那此比丘久發大乘心中忘此意
如何以小乘法而教導之我觀小乘智慧
微淺猶如盲人不能分別一切衆生根之利鈍
時維摩詰即入三昧令此比丘自識宿命
曾於五百佛所殖衆德本迴向阿耨多羅三
藐三菩提即時豁然還得本心於是諸比丘
稽首礼維摩詰足時維摩詰因為說法於阿
耨多羅三藐三菩提不復退轉我念聲聞不
觀人根不應說法是故不任詣彼問疾
佛告摩訶迦旃延汝行詣維摩詰問疾迦旃
延白佛言世尊我不堪任詣彼問疾所以者
何憶念昔者佛為諸比丘略說法要我即於

BD00158　維摩詰所說經卷上

延白佛言世尊我不堪任詣彼問疾所以者
何憶念昔者佛為諸比丘略說法要我即於
後敷演其義謂无常義苦義空義无我義寂
滅義時維摩詰來謂我言唯迦旃延无以生
滅心行說實相法迦旃延諸法畢竟不生不
滅是无常義五受陰洞達空无所起是苦義
諸法究竟无所有是空義於我无我而不二
是无我義法本不然今則无滅是寂滅義說是
法時彼諸比丘心得解脫故我不任詣彼問疾
佛告阿那律汝行詣維摩詰問疾阿那律白
佛言世尊我不堪任詣彼問疾所以者何憶
念我昔於一處經行時有梵王名曰嚴淨與
万梵俱放淨光明來詣我所稽首作礼問我
言幾何阿那律天眼所見我即答言仁者吾
見此釋迦牟尼佛土三千大千世界如觀掌

中菴摩勒菓時維摩詰來謂我言唯阿那律
天眼所見為作相耶无作相耶假使作相則與外
道五通等若无作相即是无為不應有見世尊
我時嘿然彼諸梵聞其言得未曾有即為作
礼而問言世孰有真天眼者維摩詰言有佛
世尊得真天眼常在三昧悉見諸佛國不以二
相於是嚴淨梵王及其眷屬五百梵天皆
發阿耨多羅三藐三菩提心礼維摩詰足已忽
然不現故我不任詣彼問疾
佛告優波離汝行詣維摩詰問疾優波離白
佛言世尊我不堪任詣彼問疾所以者何憶念
昔者有二比丘犯律行以為恥不敢問佛來
問我言唯優波離我等犯律誠以為恥不
敢問佛願解疑悔得免斯咎我即為其如法
解說時維摩詰來謂我言唯優波離无重增

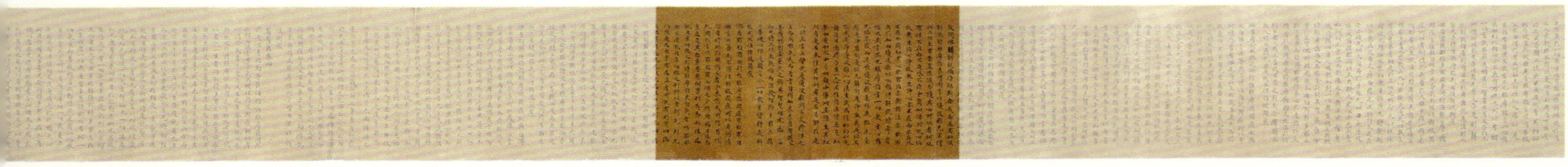

問我言唯優波離我等犯律誠以為恥不
敢問佛願解疑悔得免斯咎我即為其如法
解說時維摩詰來謂我言唯優波離无重增
此二比丘罪當直除滅勿擾其心所以者何彼
罪性不在內不在外不在中間如佛所說心垢
故衆生垢心淨故衆生淨心亦不在內不在外
不在中間如其心然罪垢亦然諸法亦然不
出於如如優波離以心相得解脫時寧有
垢不我言不也維摩詰言一切衆生心相
无垢亦復如是唯優波離妄想是垢无妄
想是淨顛倒是垢无顛倒是淨取我是垢不
取我是淨優波離一切法生滅不住如幻如電
諸法不相待乃至一念不住諸法皆妄見如
夢如炎如水中月如鏡中像以妄想生其知
此者是名奉律其知此者是名善解於是

二比丘言上智哉是優波離所不及持律之
上而不能說我即答言自捨如来未有聲聞及
菩薩能制其樂說之辯其智慧明達為若
此也時二比丘疑悔即除發阿耨多羅三藐
三菩提心作是願言令一切衆生皆得是辯
故我不任詣彼問疾
佛告羅睺羅汝行詣維摩詰問疾羅睺羅白
佛言世尊我不堪任詣彼問疾所以者何憶
念昔時毗耶離諸長者子来詣我所稽首作
礼問我言唯羅睺羅汝佛之子捨轉輪王位出
家為道其出家者有何等利我即如法為
說出家功德之利時維摩詰来謂我言唯羅睺
羅不應說出家功德之利所以者何无利无
功德是為出家有為法者可說有利有功德
夫出家者為无為法无為法中无利无功德

然不應説出家功德之利所以者何无利无
功德是為出家有為法者可説有利有功德
夫出家者為无為法无為法中无利无功德
唯羅睺羅出家者无彼无此亦无中間離六十
二見處於涅槃智者所受聖所行處降伏
衆魔度五道淨五眼得五力立五根不惱於
彼離衆雜惡摧諸外道超越假名出淤泥无
繫著无我所无所受无擾亂内懷喜護彼意
隨禪定離衆過若能如是是真出家於是維
摩詰語諸長者子汝等於正法中宜共出家
所以者何佛世難值諸長者子言居士我聞
佛言父母不聽不得出家維摩詰言然汝等
便發阿耨多羅三藐三菩提心是即出家是
即具足尒時卅二長者子皆發阿耨多羅三
藐三菩提心故我不任詣彼問疾

佛告阿難汝行詣維摩詰問疾阿難白佛
言世尊我不堪任詣彼問疾所以者何憶念昔
時世尊身小有疾當用牛乳我即持鉢詣大
婆羅門家門下立時維摩詰來謂我言唯阿
難何為晨朝持鉢住此我言居士世尊身小
有疾當用牛乳故來至此維摩詰言止止阿
難莫作是語如來身者金剛之體諸惡已斷
衆善普會當有何疾當有何惱嘿往阿難勿
謗如來莫使異人聞此麁言无令大威德諸
天及他方淨土諸來菩薩得聞斯語阿難轉
輪聖王以少福故尚得无疾豈況如來无量福
會普勝者哉行矣阿難勿使我等受斯恥
也外道梵志若聞此語當作是念何名為師
自疾不能救而能救諸疾人可密速去勿使
人聞當知阿難諸如來身即是法身非思

人聞當知阿難諸如來身即是法身非思
欲身佛爲世尊過於三界佛身无漏諸漏已
盡佛身无爲不墮諸數如此之身當有何疾
時我世尊實懷慚愧得无近佛而謬聽耶即
聞空中聲曰阿難如居士言但爲佛出五濁
惡世現行斯法度脱衆生行矣阿難取乳勿
慚世尊維摩詰智慧辯才爲若此也是故不任
詣彼問疾如是五百大弟子各各向佛說
其本緣稱述維摩詰所言皆曰不任詣
彼問疾

菩薩品第四

於是佛告彌勒菩薩汝行詣維摩詰問疾
彌勒白佛言世尊我不堪任詣彼問疾所以者
何憶念我昔爲兜率天王及其眷屬說不退

轉地之行時維摩詰來謂我言彌勒世尊授
仁者記一生當得阿耨多羅三藐三菩提為
用何生得受記乎過去耶未來耶現在耶若
過去生過去生已滅若未來生未來生未至
若現在生現在生无住如佛所說比丘汝今即
時亦生亦老亦滅若以无生得受記者无生
即是正位於正位中亦无受記亦无得阿耨
多羅三藐三菩提云何彌勒受一生記乎為
從如生得受記耶為從如滅得受記耶若
以如生得受記者如无有生若以如滅得受
記者如无有滅一切衆生皆如也一切法亦
如也衆聖賢亦如也至於彌勒亦如也若彌
勒得受記者一切衆生亦應受記所以者何
夫如者不二不異若彌勒得阿耨多羅三藐
三菩提者一切衆生皆亦應得所以者何一

勒得受記者一切衆生亦應受記所以者何
夫如者不二不異若彌勒得阿耨多羅三藐
三菩提者一切衆生皆亦應得所以者何一
切衆生即菩提相若彌勒得滅度者一切衆
生亦當滅度所以者何諸佛知一切衆生畢
竟寂滅即涅槃相不復更滅是故彌勒无以
此法誘諸天子實无發阿耨多羅三藐三菩
提心者亦无退者彌勒當令此諸天子捨於
分別菩提之見所以者何菩提者不可以身
得不可以心得寂滅是菩提滅諸相故不觀
是菩提離諸緣故不行是菩提无憶念故斷
是菩提捨諸見故離是菩提離諸妄想故鄣
是菩提鄣諸願故不入是菩提无貪着故順
是菩提順於如故住是菩提住法性故至是
菩提至實際故不二是菩提離意法故等是

菩提等虛空故无為是菩提无生住滅故知
是菩提了衆生心行故不會是菩提諸入不
會故不合是菩提離煩惱習故无處是菩提
无形色故假名是菩提名字空故如化是菩
提无取捨故无亂是菩提常自靜故善寂是
菩提性清淨故无取是菩提離攀緣故无異
是菩提諸法等故无比是菩提无可喻故微
妙是菩提諸法難知故世尊維摩詰說是法
時二百天子得无生法忍故我不任詣彼問疾
佛告光嚴童子汝行詣維摩詰問疾光嚴童
子白佛言世尊我不堪任詣彼問疾所以者何憶念
我昔出毗耶離大城時維摩詰方入城我即
為作礼而問言居士從何所來荅我言吾從
道場來我問道場者何所是荅曰直心是道

BD00158　維摩詰所說經卷上

為作礼而問言居士從何所來答我言吾從
道場來我問道場者何所是答曰直心是道
場无虛假故發行是道場能辦事故深心是
道場增益功德故菩提心是道場无錯謬故
布施是道場不望報故持戒是道場得願具
故忍辱是道場於諸衆生心无㝵故精進是
道場不懈退故禪定是道場心調柔故智慧
是道場現見諸法故慈是道場等衆生故悲
是道場忍疲苦故喜是道場悅樂法故捨是
道場憎愛斷故神通是道場成就六通故解
脫是道場能背捨故方便是道場教化衆生
故四攝是道場攝衆生故多聞是道場如聞
行故伏心是道場正觀諸法故三十七品是道
場捨有為法故諦是道場不誑世間故緣起
是道場无明乃至老死皆无盡故諸煩惱是

道場知如實故衆生是道場知无我故一
切法是道場知諸法空故降摩是道場不
傾動故三界是道場无所趣故師子吼是道場
无所畏故力无畏不共法是道場无諸過故三
明是道場无餘㝵故一念知一切法是道場成
就一切智故如是善男子菩薩若應諸波羅
蜜教化衆生諸有所作舉足下足當知皆從道
場来住於佛法矣說是法時五百天人皆發阿
耨多羅三藐三菩提心故我不任詣彼問疾
佛告持世菩薩汝行詣維摩詰問疾持世白佛
言世尊我不堪任詣彼問疾所以者何憶念
我昔住於靜室時魔波旬從万二千天女狀
如帝釋鼓樂絃歌来詣我所與其眷屬稽首
我足合掌恭敬於一面立我意謂是帝釋
而語之言善来憍尸迦雖福應有不當自恣

我足合掌恭敬於一面立我意謂是帝釋
而語之言善來憍尸迦雖福應有不當自恣
當觀五欲无常以求善本於身命財而脩堅
法即語我言正士受是万二千天女可備掃灑
我言憍尸迦无以此非法之物要我沙門釋
子此非我宜所言未訖時維摩詰來謂我言
非帝釋也是為魔來嬈固汝耳即語魔言
是諸女等可以與我如我應受魔即驚懼念
維摩詰將无惱我欲隱形去而不能隱盡其
神力亦不得去即聞空中聲曰波旬以女與之
乃可得去魔以畏故俛仰而與尒時維摩詰
語諸女言魔以汝等與我汝今皆當發阿耨
多羅三藐三菩提心即隨所應而為說法令
發道意復言汝等已發道意有法樂可以自

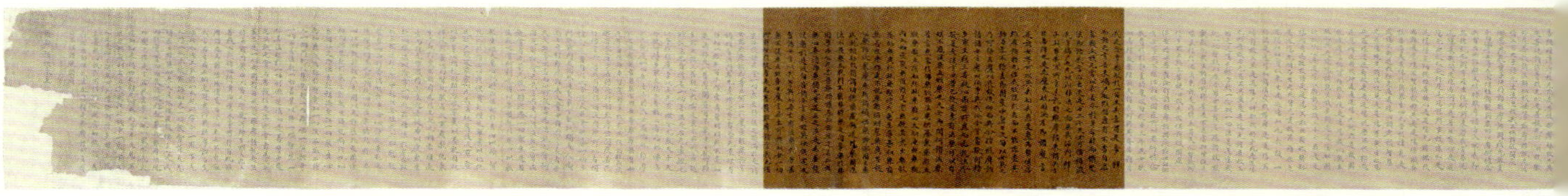

女不應復樂五欲樂也天女即問何謂法樂
答言樂常信佛樂欲聽法樂供養衆樂離五
欲樂觀五陰如怨賊樂觀四大如毒虵樂觀
内入如空聚樂隨護道意樂饒益衆生樂敬
養師樂廣行施樂堅持戒樂忍辱柔和樂勤
集善根樂禪定不亂樂離垢明慧樂廣菩提
心樂降伏衆魔樂斷諸煩惱樂淨佛國土樂
成就相好故脩諸功德樂嚴飾道場樂聞深
法不畏樂三脫門不樂非時樂近同學樂於非
同學中心无恚㝵樂將護惡知識樂近善知識
樂心喜清淨樂脩无量道品之法是爲菩薩
法樂於是波旬告諸女言我欲與汝俱還天
宮諸女言以我等與此居士有法樂我等甚
樂不復樂五欲樂也魔言居士可捨此女一切
所有施於彼者是爲菩薩維摩詰言我已捨

BD00158　維摩詰所説經卷上

樂不復樂五欲樂也魔言居士可捨此女一切
所有施於彼者是為菩薩維摩詰言我已捨
矣汝便將去令一切眾生得法願滿於是諸
女問維摩詰我等云何止於魔宮維摩詰言
諸姊有法門名无盡燈汝等當學无盡燈者
譬如一燈然百千燈冥者皆明明終不盡如
是諸姊夫一菩薩開導百千眾生令發阿耨
多羅三藐三菩提心於其道意亦不滅盡隨
所說法而自增益一切善法是名无盡燈也
汝等雖住魔宮以是无盡燈令无數天子天
女發阿耨多羅三藐三菩提心者為報佛恩
亦大饒益一切眾生尒時天女頭面禮維摩
詰足隨魔還宮忽然不現世尊維摩詰有如
是等自在神力智慧辯才故我不任詣彼問疾
佛告長者子善德汝行詣維摩詰問疾善德

白佛言世尊我不堪任詣彼問疾所以者何
憶念我昔自於父舍設大施會供養一切沙
門婆羅門及諸外道貧窮下賤孤獨乞人期
滿七日時維摩詰來入會中謂我言長者子
夫大施會不當如汝所設當為法施之會何
用是財施會為我言居士何謂法施之會法
施會者无前无後一時供養一切衆生是名
法施之會何謂也謂以菩提起於慈心以救
衆生起大悲心以持正法起於喜心以攝智
慧行於捨心以攝慳貪起檀波羅蜜以化犯
戒起尸羅波羅蜜以无我法起羼提波羅蜜
以離身心相起毗梨耶波羅蜜以菩提相起
禪波羅蜜以一切智起般若波羅蜜教化衆
生而起於空不捨有為法而起无相示現受

BD00158　維摩詰所説經卷上

生而起於空不捨有爲法而起无相示現受
生而起无作護持正法起方便力以度衆生
起四攝法以敬事一切起除慢法於身命財
起三堅法於六念中起思念法於六和敬起
質直心正行善法起於淨命心淨歡喜起近
賢聖不憎惡人起調伏心以出家法起於深
心以如說行起於多聞以无諍法起空閑處
趣向佛慧起於宴坐解衆生縛起脩行地以
具相好及淨佛土起福德業知一切衆生心
念如應說法起於智業知一切法不取不捨
入一相門起於慧業斷一切煩惱一切鄣㝵
一切不善法起一切善業以得一切智慧一
切善法起於一切助佛道法如是善男子是
爲法施之會若菩薩住是法施會者爲大施

望名為一切世間福田世尊維摩詰說是法
時婆羅門眾中二百人皆發阿耨多羅三藐三
菩提心我時心得清淨嘆未曾有稽首礼維
摩詰足即解瓔珞價直百千以上之不肯取
我言居士願必納受隨意所與維摩詰乃受
瓔珞分作二分持一分施此會中一最下乞
人持一分奉彼難勝如來一切眾會皆見光
明國土難勝如來又見珠瓔在彼佛上變成
四柱寶臺四面嚴飾不相鄣蔽時維摩詰現
神變已作是言若施主等心施一最下乞人
猶如如來福田之相无所分別等于大悲不
求果報是則名曰具足法施城中一最下乞
人見是神力聞其所說皆發阿耨多羅三藐
三菩提心故我不任詣彼問疾如是諸菩
薩各各向佛說其本緣稱述維摩詰所言皆

BD00158 維摩詰所説經卷上

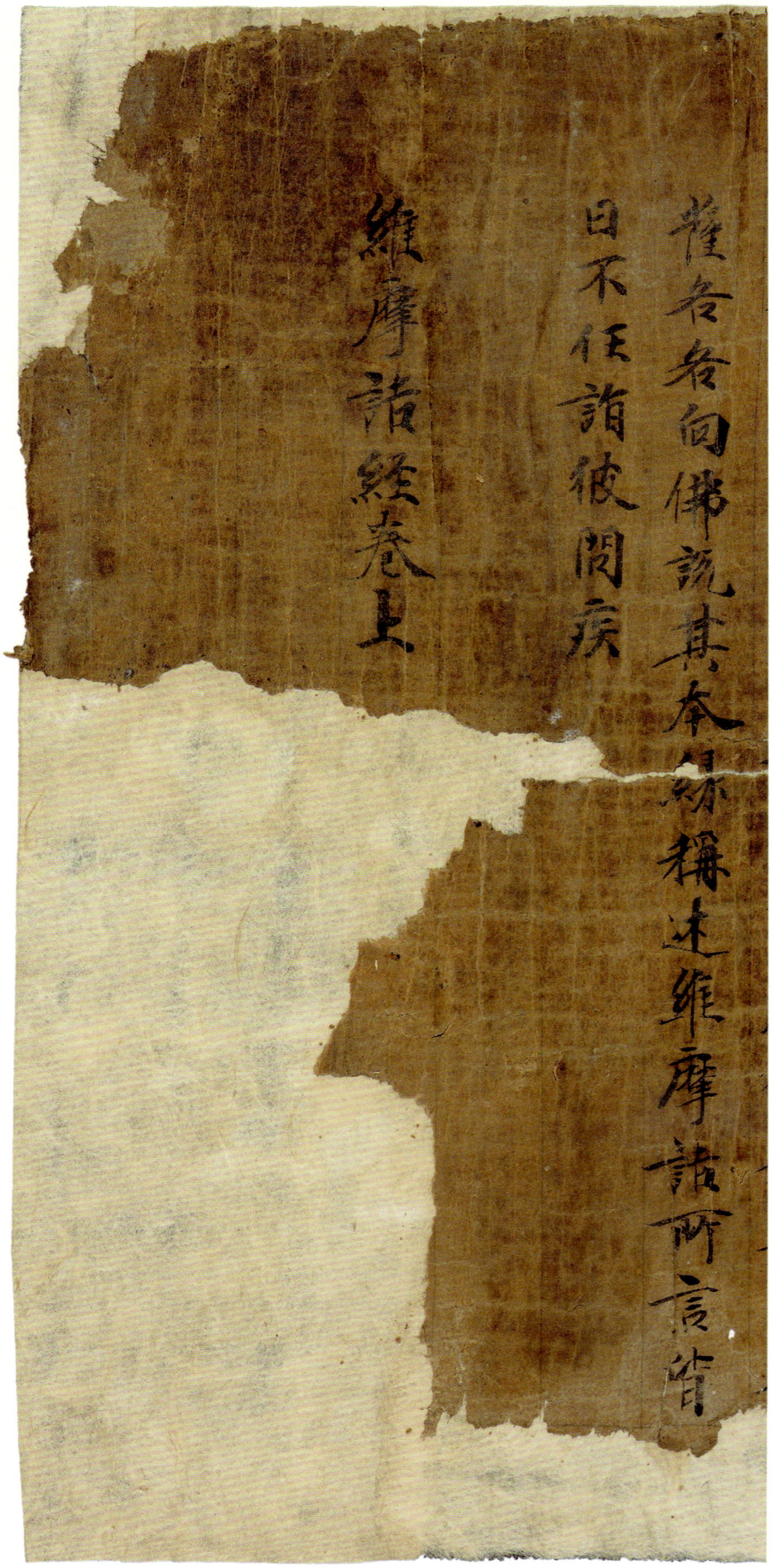

薩各各向佛說其本緣稱述維摩詰所言皆
曰不任詣彼問疾
維摩詰經卷上

BD00158　維摩詰所説經卷上

BD00159　妙法蓮華經卷一

（後秦）鳩摩羅什 譯

391.9cm × 26.8cm

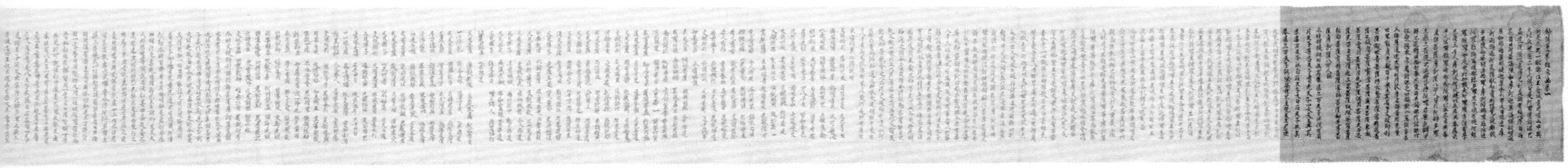

妙法蓮華經序品第一
如是我聞一時佛住王舍城耆闍崛山中與
大比丘衆萬二千人俱皆是阿羅漢諸漏已
盡无復煩惱逮得已利盡諸有結心得自在
其名曰阿若憍陳如摩訶迦葉優樓頻螺迦
葉伽耶迦葉那提迦葉舍利弗大目揵連摩
訶迦旃延阿莬樓馱劫賓那憍梵波提離波
多畢陵伽婆蹉薄拘羅摩訶拘絺羅難陀孫
陀羅難陀富樓那彌多羅尼子須菩提阿難
羅睺羅如是衆所知識大阿羅漢等復有學
无學二千人摩訶波闍波提比丘尼與眷屬六
千人俱羅睺羅母耶輸陀羅比丘尼亦與眷
屬俱菩薩摩訶薩八万人皆於阿耨多羅
三藐三菩提不退轉皆得陁羅尼樂說辯才

轉不退轉法輪供養无量百千諸佛於諸佛所
植衆德本常為諸佛之所稱歎以慈脩身善
入佛慧通達大智到於彼岸名稱普聞无量
世界能度无數百千衆生其名曰文殊師利
菩薩觀世音菩薩得大勢菩薩常精進菩
薩不休息菩薩寶掌菩薩藥王菩薩勇施
菩薩寶月菩薩月光菩薩滿月菩薩大力菩
薩无量力菩薩越三界菩薩跋陁婆羅菩薩
彌勒菩薩寶積菩薩導師菩薩如是等菩
薩摩訶薩八万人俱
尒時釋提桓因與其眷屬二万天子俱復有名
月天子普香天子寶光天子四大天王與其
眷屬万天子俱自在天子大自在天子與其
眷屬三万天子俱娑婆世界主梵天王尸棄

眷屬三万天子俱娑婆世界主梵天王尸棄
大梵光明大梵等與其眷屬万二千天子俱
有八龍王難陁龍王跋難陁龍王娑伽羅龍
王和脩吉龍王德叉迦龍王阿那婆達多龍
王摩那斯龍王優鉢羅龍王等各與若干百
千眷屬俱有四緊那羅王法緊那羅王妙法
緊那羅王大法緊那羅王持法緊那羅王各
與若干百千眷屬俱有四乾闥婆王樂乾闥
婆王樂音乾闥婆王美乾闥婆王美音乾闥
婆王各與若干百千眷屬俱有四阿脩羅王婆
稚阿脩羅王佉羅騫馱阿脩羅王毗摩質
多羅阿脩羅王羅睺羅阿脩羅王各與若干百千
眷屬俱有四迦樓羅王大威德迦樓羅王大身
迦樓羅王大滿迦樓羅王如意迦樓羅王各
與若干百千眷屬俱韋提希子阿闍世王

與若干百千眷屬俱各禮佛足退坐一面
尒時世尊四眾圍遶供養恭敬尊重讚歎為
諸菩薩說大乘經名元量義教菩薩法佛所
護念佛說此經已結跏趺坐入於元量義處
三昧身心不動是時天雨曼陁羅華摩訶曼
陁羅華曼殊沙華摩訶曼殊沙華而散佛
上及諸大眾普佛世界六種震動尒時會中比
丘比尼優婆塞優婆夷天龍夜叉乾闥婆
阿脩羅迦樓羅緊那羅摩睺羅伽人非人及
諸小王轉輪聖王等是諸大眾得未曾有歡
喜合掌一心觀佛尒時佛放眉間白毫相光
照于東方万八千世界靡不周遍下至阿鼻
地獄上至阿迦尼吒天於此世界盡見彼土六
趣眾生又見彼土現在諸佛及聞諸佛所說

趣衆生又見彼土現在諸佛及聞諸佛所説
經法并見彼諸比丘比丘尼優婆塞優婆夷
諸修行得道復見諸菩薩摩訶薩種
種因緣種種信解種種相貌行菩薩道復見
諸佛般涅槃者復見諸佛般涅槃後以佛舍
利起七寶塔尒時彌勒菩薩作是念今者世
尊現神變相以何因緣而有此瑞今佛世尊
入于三昧是不可思議現希有事當以問誰
誰能荅者復作此念是文殊師利法王之子
已曾親近供養過去无量諸佛必應見此希
有之相我今當問尒時比丘比丘尼優婆塞優
婆夷及諸天龍鬼神等咸作此念是佛光明
神通之相今當問誰尒時彌勒菩薩欲自决
疑又觀四衆比丘比丘尼優婆塞優婆夷及諸天
龍鬼神等衆會之心而問文殊師利言以何

因緣而有此瑞　神通之相　放大光明　照于東方
万八千土　悉見彼佛　國界莊嚴　於是彌勒菩薩欲
重宣此義　以偈問曰
文殊師利　導師何故　眉間白毫　大光普照
雨曼陀羅　曼殊沙華　栴檀香風　悅可衆心
以是因緣　地皆嚴淨　而此世界　六種震動
時四部衆　咸皆歡喜　身意快然　得未曾有
眉間光明　照于東方　万八千土　皆如金色
從阿鼻獄　上至有頂　諸世界中　六道衆生
生死所趣　善惡業緣　受報好醜　於此悉見
又覩諸佛　聖主師子　演說經典　微妙第一
其聲清淨　出柔軟音　教諸菩薩　无數億万
梵音深妙　令人樂聞　各於世界　講說正法
種種因緣　以无量喻　照明佛法　開悟衆生

梵音深妙　令人樂聞　各於世界　講說正法
種種因緣　以无量喻　照明佛法　開悟衆生
若人遭苦　厭老病死　爲說涅槃　盡諸苦際
若人有福　曾供養佛　志求勝法　爲說緣覺
若有佛子　修種種行　求无上道　爲說淨道
文殊師利　我住於此　見聞若斯　及千億事
如是衆多　今當略說
我見彼土　恒沙菩薩　種種因緣　而求佛道
或有行施　金銀珊瑚　真珠摩尼　車璖馬瑙
金剛諸珍　奴婢車乘　寶飾輦轝　歡喜布施
迴向佛道　願得是乘　三界第一　諸佛所歎
或有菩薩　駟馬寶車　蘭楯華蓋　軒飾布施
復見菩薩　身肉手足　及妻子施　求无上道
又見菩薩　頭目身體　欣樂施與　求佛智慧
文殊師利　我見諸王　往詣佛所　問无上道

便捨樂土　宮殿臣妾　剃除鬚髮　而被法服
或見菩薩　而作比丘　獨處閑靜　樂誦經典
又見菩薩　勇猛精進　入於深山　思惟佛道
又見離欲　常處空閑　深修禪定　得五神通
又見菩薩　安禪合掌　以千万偈　讚諸法王
復見菩薩　智深志固　能問諸佛　聞悉受持
又見佛子　定慧具足　以无量喻　為衆講法
欣樂說法　化諸菩薩　破魔兵衆　而擊法鼓
又見菩薩　寂然宴默　天龍恭敬　不以為喜
又見菩薩　處林放光　濟地獄苦　令入佛道
又見佛子　未嘗睡眠　經行林中　勤求佛道
又見具戒　威儀无缺　淨如寶珠　以求佛道
又見佛子　住忍辱力　增上慢人　惡罵捶打
皆悉能忍　以求佛道
又見菩薩　離諸戲笑　及癡眷屬　親近智者

皆悉能忍　以求佛道
又見菩薩　離諸戲咲　及癡眷屬　親近智者
一心除亂　攝念山林　億千万歲　以求佛道
或見菩薩　餚膳飲食　百種湯藥　施佛及僧
名衣上服　價直千万　或无價衣　施佛及僧
千万億種　旃檀寶舍　衆妙卧具　施佛及僧
清淨園林　華菓茂盛　流泉浴池　施佛及僧
如是等施　種種微妙　歡喜无猒　求无上道
或有菩薩　說寂滅法　種種教詔　无數衆生
或見菩薩　觀諸法性　无有二相　猶如虛空
又見佛子　心无所著　以此妙慧　求无上道
文殊師利　又有菩薩　佛滅度後　供養舍利
又見佛子　造諸塔廟　无數恒沙　嚴飾國界
寶塔高妙　五千由旬　縱廣正等　二千由旬
一一塔廟　各千幢幡　珠交露幔　寶鈴和鳴

諸天龍神　人及非人　香華伎樂　常以供養
文殊師利　諸佛子等　為供舍利　嚴飾塔廟
國界自然　殊特妙好　如天樹王　其華開敷
佛放一光　我及衆會　見此國界　種種殊妙
諸佛神力　智慧希有　放一淨光　照无量國
我等見此　得未曾有　佛子文殊　願決衆疑
四衆欣仰　瞻仁及我　世尊何故　放斯光明
佛子時答　決疑令喜　何所饒益　演斯光明
佛坐道場　所得妙法　為欲說此　為當授記
示諸佛土　衆寶嚴淨　及見諸佛　此非小緣
文殊當知　四衆龍神　瞻察仁者　為說何等
尒時文殊師利語彌勒菩薩摩訶薩及諸
大士善男子等如我惟忖今佛世尊欲說大法雨
大法雨吹大法螺擊大法鼓演大法義諸善男

大法雨吹大法螺擊大法鼓演大法義諸善男
子我於過去諸佛曾見此瑞放斯光已即說
大法是故當知今佛現光亦復如是欲令衆生
咸得聞知一切世間難信之法故現斯瑞諸
善男子如過去无量无邊不可思議阿僧
祇劫尒時有佛号日月燈明如來應供正遍
知明行足善逝世間解无上士調御丈夫天
人師佛世尊演說正法初善中善後善其
義深遠其語巧妙純一无雜具足清白梵行之
相為求聲聞者說應四諦法度生老病死究
竟涅槃為求辟支佛者說應十二因緣法為
諸菩薩說應六波羅蜜令得阿耨多羅三
藐三菩提成一切種智次復有佛亦名日月燈
明次復有佛亦名日月燈明如是二万佛皆
同一字号日月燈明又同一姓姓頗羅墮弥勒

當知初佛後佛皆同一字名日月燈明十号
具足所可說法初中後善其最後佛未出
家時有八王子一名有意二名善意三名无量
意四名寶意五名增意六名除疑意七名響
意八名法意是八王子威德自在各領四天下
是諸王子聞父出家得阿耨多羅三藐三
菩提悉捨王位亦隨出家發大乘意常修梵
行皆為法師已於千万佛所殖諸善本是時
日月燈明佛說大乘經名无量義教菩薩法
佛所護念說是經已即於大衆中結跏趺坐入
於无量義處三昧身心不動是時天雨曼陀
羅華摩訶曼陀羅華曼殊沙華摩訶曼
殊沙華而散佛上及諸大衆普佛世界六種震
動尒時會中比丘比丘尼優婆塞優婆夷天

動尒時會中比丘比丘尼優婆塞優婆夷天
龍夜叉乾闥婆阿修羅迦樓羅緊那羅摩
睺羅伽人非人及諸小王轉輪聖王等是諸大衆
得未曾有歡喜合掌一心觀佛尒時如來放眉
間白毫相光照東方万八千佛土靡不周遍
如今所見是諸佛土弥勒當知尒時會中有二十
億菩薩樂欲聽法是諸菩薩見此光明普
照佛土得未曾有欲知此光所爲因緣時有
菩薩名曰妙光有八百弟子是時日月燈明
佛從三昧起因妙光菩薩說大乘經名妙法
蓮華教菩薩法佛所護念六十小劫不起于坐
時會聽者亦坐一處六十小劫身心不動聽
佛所說謂如食頃是時衆中无有一人若身若
心而生懈倦日月燈明佛於六十小劫說是經
已即於梵魔沙門婆羅門及天人阿修羅衆

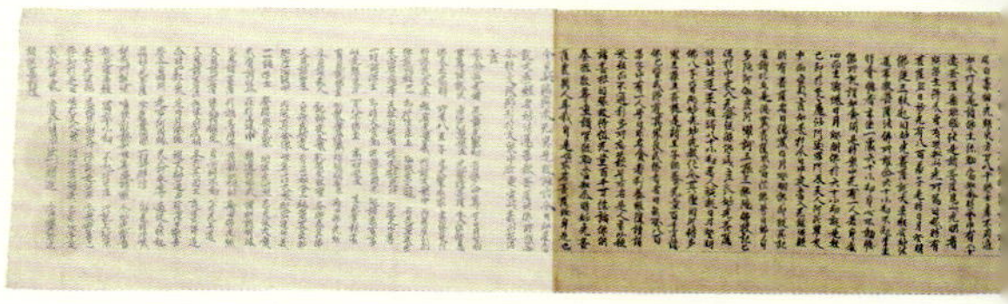

中而宣此言如來於今日中夜當入无餘涅槃
時有菩薩名曰德藏日月燈明佛即授其記
告諸比丘是德藏菩薩次當作佛号曰淨身
多陁阿伽度阿羅訶三藐三佛陁佛授記已
便於中夜入无餘涅槃佛滅度後妙光菩薩
持妙法蓮華經滿八十小劫為人演說日月燈明
佛八子皆師妙光妙光教化令其堅固阿耨多
羅三藐三菩提是諸王子供養无量百千万億
佛已皆成佛道其最後成佛者名曰然燈八百
弟子中有一人号曰求名貪著利養雖復讀誦
衆經而不通利多所忘失故号求名是人亦以種
諸善根因緣故得值无量百千万億諸佛供
養恭敬尊重讚歎弥勒當知尒時妙光菩
薩豈異人乎我身是也求名菩薩汝身是也

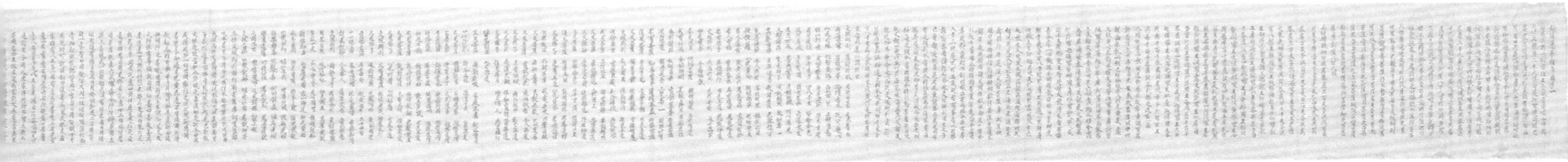

養恭敬尊重讚歎彌勒當知尒時妙光菩
薩豈異人乎我身是也求名菩薩汝身是也
今見此瑞與本无異是故惟忖今日如來當
說大乘經名妙法蓮華教菩薩法佛所護念
尒時文殊師利於大衆中欲重宣此義而說偈
言
我念過去世　无量无數劫　有佛人中尊　号日月燈明
世尊演說法　度无量衆生　无數億菩薩　令入佛智慧
佛未出家時　所生八王子　見大聖出家　亦隨修梵行
時佛說大乘　經名无量義　於諸大衆中　而為廣分別
佛說此經已　即於法座上　跏趺坐三昧　名无量義處
天雨曼陁華　天鼓自然鳴　諸天龍鬼神　供養人中尊
一切諸佛土　即時大震動　佛放眉間光　現諸希有事
此光照東方　万八千佛土　示一切衆生　生死業報處
有見諸佛土　以衆寶莊嚴　瑠璃頗梨色　斯由佛光照

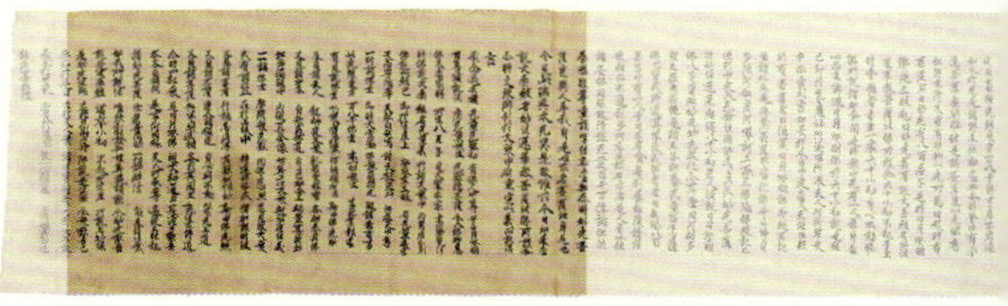

及見諸天人　龍神夜叉眾　乾闥緊那羅　各供養其佛
又見諸如來　自然成佛道　身色如金山　端嚴甚微妙
如淨瑠璃中　內現真金像　世尊在大眾　敷演深法義
一一諸佛土　聲聞眾無數　因佛光所照　悉見彼大眾
或有諸比丘　在於山林中　精進持淨戒　猶如護明珠
又見諸菩薩　行施忍辱等　其數如恒沙　斯由佛光照
又見諸菩薩　深入諸禪定　身心寂不動　以求無上道
又見諸菩薩　知法寂滅相　各於其國土　說法求佛道
爾時四部眾　見日月燈佛　現大神通力　其心皆歡喜
各各自相問　是事何因緣　天人所奉尊　適從三昧起
讚妙光菩薩　汝為世間眼　一切所歸信　能奉持法藏
如我所說法　唯汝能證知　世尊既讚歎　令妙光歡喜
說是法華經　滿六十小劫　不起於法座　所說上妙法
是妙光法師　悉皆能受持　佛說是法華　令眾歡喜已
尋即於是日　告於天人眾　諸法實相義　已為汝等說

BD00159　妙法蓮華經卷一

是妙光法師　悉皆能受持　佛説是法華　令衆歡喜已
尋即於是日　告於天人衆　諸法實相義　已為汝等説
我今於中夜　當入於涅槃　汝一心精進　當離於放逸
諸佛甚難值

BD00160 大般涅槃經卷一九

（北涼）曇無讖 譯

87.5cm × 26cm

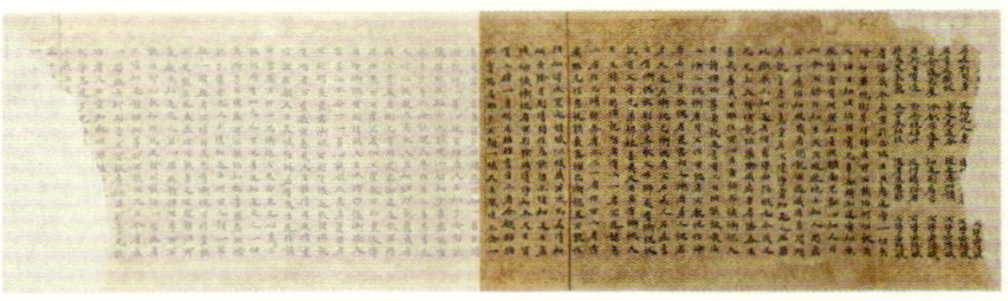

[illegible]不得安隱眠
若爲於自身　及以他人身　造於[illegible]業　不得安隱眠
若言爲樂故　害又无過咎　隨是惡知識　不得安隱眠
若食過節度　冷飲而過差　如是則病苦　不得安隱眠
若於王有過　耶念他婦女　及行曠路者　不得安隱眠
持戒果未熟　太子未紹位　盜者未獲財　不得安隱眠
耆婆我今病重　於正法王　興惡逆害　一切良
醫妙藥呪術　善巧瞻病所不能治　何以故　我
父法王如法治國　實无辜咎　横加逆害　如魚
處陸　當有何樂　如鹿在羂　初无歡心　如人自
知命不終日　如王失國　逃迸他土　如人聞病
不可療治　如破戒者　聞說罪過　我昔曾聞智
者說言　身口意業若不清淨　當知是人必墮
地獄　我亦如是　云何當得安隱眠也　今我又
无无上大醫實說法藥　除我病苦　耆婆答王

善哉善哉王雖作罪心生重悔而懷慚愧大
王諸佛世尊常說是言有二白法能救眾生
一慚二愧慚者自不作罪愧者不教他作慚
者內自羞恥愧者發露向人慚者羞人愧者
羞天是名慚愧无慚愧者不名為人名為畜
生有慚愧故則能恭敬父母師長有慚愧故
說有父母兄弟姊妹善哉大王具有慚愧大
王且聽臣聞佛說智者有二一者不造諸惡
二者作已懺悔愚者亦二一者作罪二者覆
藏雖先作惡後能發露悔已慚愧更不敢作
猶如濁水置之明珠以珠威力水即為清如
烟雲除月則清明作惡能悔亦復如是王若
懺悔懷慚愧者罪則除滅清淨如本大王冨
有二種一者象馬種種畜生二者金銀種種
珍寶象馬雖多不敵一珠大王眾生亦尒一

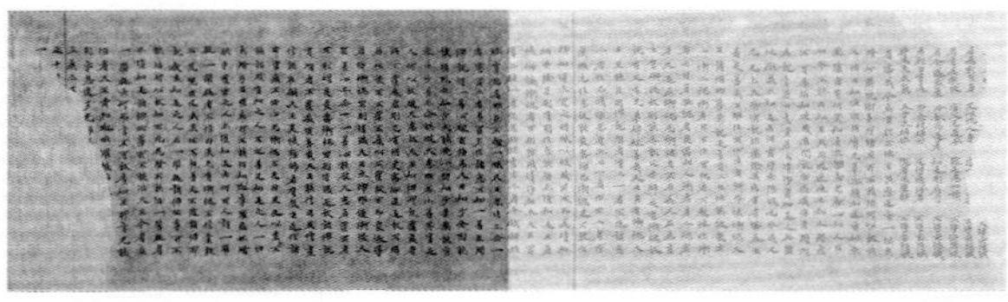

有[illegible]
珎寶象馬雖多不敵一珠大王衆生亦尒一
者悪罪二者善罪多作諸悪不如一善臣聞
佛說脩一善心破百種悪大王如少金剛能
壞須弥亦如少火能燒一切如少毒藥能害
衆生少善亦尒能破大悪雖名小善其實是
大何以故破大悪故大王如佛所說覆藏者
漏不覆藏者則无有漏發露悔過是故不漏
若作衆罪不覆不藏以不覆故罪即微薄
若悔慚愧罪則消滅大王水渧雖微漸盈大
器善心亦尒一一善心能破大悪若覆罪者
罪則增長發露慚愧罪則消滅是故諸佛說
有智者不覆藏罪善哉大王能信因果信業
信報唯願大王莫懷愁怖若有衆生造作諸
罪覆藏不悔心无慚愧不見因果及以業(報)不
能諮我有知之人不近善友如是之人一切

良醫乃至瞻病所不能治如迦摩羅病世醫
拱手覆罪之人亦復如是云何罪人謂一闡
提一闡提者不信因果无有慚愧不信業報
不見現在及未來世不親善友不隨諸佛所
説教戒如是之人名一闡提諸佛世尊所不
能治何以故如世死屍醫不能治一闡提者
亦復如是諸佛世尊所不能治大王今者非
一闡提云何而言不可救療如王所言无能
治者大王當知迦毗羅城
氏字悉達多无師
三藐三
是十
一

圖書在版編目（CIP）數據

中國國家圖書館藏敦煌文獻．第一二册 / 中國國家圖書館編．—北京：國家圖書館出版社，2023.12

ISBN 978-7-5013-7887-6

Ⅰ．①中… Ⅱ．①中… Ⅲ．①敦煌學—文獻 Ⅳ．①K870.6

中國國家版本館 CIP 數據核字（2023）第 217343 號

書　　名	中國國家圖書館藏敦煌文獻·第一二册
著　　者	中國國家圖書館　編
項目統籌	魏　崇　殷夢霞
責任編輯	潘　竹　程魯潔　黄　鑫　苗文葉
責任校對	劉宇石　王　衡
出版發行	國家圖書館出版社（北京市西城區文津街 7 號　100034） （原書目文獻出版社　北京圖書館出版社） 010-66114536　63802249　nlcpress@nlc.cn（郵購）
網　　址	http://www. nlcpress. com
排版印裝	天津裕同印刷有限公司
版次印次	2023 年 12 月第 1 版　2023 年 12 月第 1 次印刷
開　　本	787 × 1092　1/8
印　　張	41
書　　號	ISBN 978-7-5013-7887-6
定　　價	2800.00 圓